Carl W. Neumann

# Brehms Leben

Alfred Edmund Brehm, der Autor von
*Brehms Tierleben.* Eine Biographie

**Neumann, Carl W.:** Brehms Leben. Alfred Edmund Brehm, der Autor von *Brehms Tierleben*. Eine Biographie
**Hamburg, SEVERUS Verlag 2011**
**Nachdruck der Originalausgabe von 1929**

ISBN: 978-3-86347-202-3
Druck: SEVERUS Verlag, Hamburg 2011

Umschlagmotiv Rückseite: © javarman - Fotolia.com

Der SEVERUS Verlag ist ein Imprint der Diplomica Verlag GmbH.

**Bibliografische Information der Deutschen Nationalbibliothek:**
Die Deutsche Nationalbibliothek verzeichnet diese Publikation in der Deutschen Nationalbibliografie; detaillierte bibliografische Daten sind im Internet über http://dnb.d-nb.de abrufbar.

© **SEVERUS Verlag**
http://www.severus-verlag.de, Hamburg 2011
Printed in Germany
Alle Rechte vorbehalten.

Der SEVERUS Verlag übernimmt keine juristische Verantwortung oder irgendeine Haftung für evtl. fehlerhafte Angaben und deren

SEVERUS
Verlag

## Zum Geleit

Durch ein Brehm-Gedenkbuch Alfred Brehm, den „Tierleben-Brehm", in seiner ganzen Bedeutung an seinem 100. Geburtstag aller Welt wieder erneut vor Augen zu stellen, scheint mir ebenso selbstverständliche Ehren- und Dankespflicht wie volkstümliche, hochverdienstliche Tat. Und ich selber betrachte es als eine hohe Auszeichnung, diesem Buche ein Geleitwort in die Öffentlichkeit mitgeben zu dürfen.

Um die befreiende und — vielleicht ist der beste Ausdruck: beschenkende Wirkung der Brehmschen Tierschilderungen, die in den sechziger und siebziger Jahren vorigen Jahrhunderts erschienen, insbesondere des „Tierlebens", in der Erinnerung noch einmal bis zur Neige auskosten zu können, muß man heute alt sein. Denn heute wird längst jede Tierschilderung, selbstverständlich, unbewußt und unwillkürlich, ganz nach Brehmschem Muster abgefaßt. Jeder strebt dem Vorbild des „genialen Tiermalers mit Worten" nach, wenn er es auch meist nicht erreicht.

Ich möchte aber den Lesern und Genießern der unzähligen mehr oder weniger gut geschriebenen, durchweg aber gut illustrierten Bücher und Zeitschriften, die sich heute mit Tieren beschäftigen, Spaßes halber die Schauerschmarren vorführen können, an denen ich als tierbegeisterter und wissensdurstiger Abcschütze meine ersten Studien machen mußte. Das war wahrhaftig keine appetitreizende Kost, nur verdaulich für den, der aus angeborener Neigung und Naturanlage schon für die Sache gewonnen war und sich durch nichts mehr abschrecken ließ.

Brehm selber hat sehr richtig empfunden und klar erkannt, woran es fehlte. „In den tierkundlichen Werken", schreibt er gelegentlich im Jahre 1863, „wird sonderbarerweise das Leben der Tiere kaum berücksichtigt. Man begnügt sich mit genauen Beschreibungen des Leibes und wendet weitaus die größte Aufmerksamkeit auf dessen Zergliederung. Gewöhnlich erhalten wir nur über das Vorkommen eines Tieres die dürftigsten Nachrichten, während über die Lebensweise, die Sitten, Gewohnheiten, die Nahrung usw. ein tiefstes Stillschweigen herrscht." Solche Bücher und Einzelabhandlungen konnten natürlich weitere Kreise nicht anziehen, sondern nur der zünftigen Ausbildung dienen im denkbar beschränktesten Sinne des Wortes.

Brehm hatte aber nicht nur die klare Erkenntnis dieses unbefriedigenden Zustandes, sondern auch — ein Glück für seine Zeit, das nachwirkt bis auf die unsere — das Zeug dazu, eine gründliche Besserung heraufzuführen.

Alfred Brehm hat das unsterbliche, epochemachende, kulturgeschichtliche Verdienst, die weitesten Kreise, das ganze Volk für die höhere Tierwelt, insbesondere die Vögel und Säugetiere, gewonnen zu haben. Und das gelang ihm, weil er nicht nur ein weitgereister Sammler, Forscher und Beobachter war, sondern auch ein „genialer Tiermaler mit Worten". Diesen Ehrentitel habe ich wohl zuerst für ihn geprägt, und ich möchte auch glauben, daß er den Kern seines Wesens und dessen wirksamste Ausstrahlung zutreffend bezeichnet.

Weltwirksam darf man diese Ausstrahlung nennen. Denn kein anderes Volk hat aus Eignem etwas „Brehms Tierleben" auch nur annähernd Ebenbürtiges an die Seite zu setzen; alle Kulturvölker aber haben sich bemüht, und bemühen sich noch, das deutsche Urbild durch Übersetzung und Bearbeitung ihren Volksgenossen zugänglich zu machen und diese dadurch der fördernden, Geist und Seele bildenden Wirkung dieses einzigartigen Werkes teilhaftig werden zu lassen.

Kaum minder wichtig, befreiend und beschenkend, im besten Sinne kulturgeschichtlich verdienstvoll, als die liebevolle, lebendige Tierschilderung mit Worten, die Brehm sel-

Schimpanse
Nach einer Originalillustration von G. Mützel aus dem alten „Tierleben"

ber bot, scheinen mir aber die illustrativen Zutaten seiner künstlerischen Mitarbeiter. Auch hier hatte er wohl richtig erkannt, daß alles ganz anders und besser werden müsse, wenn die Tierkunde allgemein beliebt und volkstümlich werden solle. An der Afrikareise im Gefolge des Herzogs Ernst II. von Coburg-Gotha nahm auch der ausgezeichnete Tiermaler Robert Kretschmer teil. Ihn lernte Brehm bei dieser Gelegenheit jedenfalls schätzen, und er wurde der Hauptillustrator seines „Tierlebens".

Man muß nun wiederum alt genug sein, um noch die furchtbaren Schreckgespenster genossen zu haben, die um die Mitte vorigen Jahrhunderts die landläufigen Tierbücher „schmückten". Ich habe sie aus meiner Kinderzeit noch in schrecklicher Erinnerung. Da saß jeder Vogel stocksteif und „ausgestopft", einer wie der andere, auf einem abgeschnittenen Stück dürren Astes, und da stand jedes Säugetier ebenso bocksbeinig auf einer Art Plinte. Alles wiederum nur brauchbar für zünftige Lehre, für Erwerbung fachmännischer Kenntnisse, aber nicht für Werbung, für Gewinnung herzlicher Freunde der Tierwelt. Eine Ausnahme — und eine sehr rühmliche — machte nur das „Buch der Welt", eine Familienzeitschrift von einer Gediegenheit in der Ausstattung mit Stahlstichen und farbigen Tafeln, die man heute noch bestaunen muß, und die „Gartenlaube" mit ihren immer prächtiger sich entwickelnden Holzschnitten.

Man kann sich unter diesen Zeitumständen ausmalen, wie die Kretschmerschen Illustrationen in der ersten Brehm-Auflage wirkten: diese lebendigen, mit landschaftlichem Hintergrund und Beiwerk völlig befriedigend gestalteten Tierbilder. Von der Elefantentafel, auf der die großohrigen Afrikaner an felsigem Bergeshang die Zweige von den Bäumen äsen, konnte ich mich gar nicht losreißen. Und erst die Löwentafel, auf der — genau, wie es Brehm erlebt hat und schildert, der Tierkönig im Viehkraal, hochaufgerichtet, auf dem niedergeschlagenen Jungrinde steht! Das war das Nonplusultra, höher gings nicht mehr. So glaubte man. Heute haben wir das alles schon nicht nur auf der photographischen Platte, sondern sogar im Film. Trotzdem behaupten sich aus der zweiten Auflage auch heute noch die Zeichnungen Gustav Mützels durch ihre Schärfe und Genauigkeit.

Man muß aber jedes und jeden aus seiner Zeit beurteilen,

wenn man gerecht werten und würdigen will. Und so kann
es auch der kulturgeschichtlichen Bedeutung, dem unsterb-

Elefanten im afrikanischen Busch
Nach einer Originalillustration von Robert Kretschmer
aus dem alten „Tierleben"

lichen Ruhm unseres Alfred Brehm keinen Abtrag tun, wenn
wir sehen, daß seine klassischen Tierschilderungen nach der
tierpsychologischen Seite hin vor unseren heute feststehen-

den wissenschaftlichen Erkenntnissen nicht immer Stich halten. Zu seiner Zeit durfte Brehm sich berechtigt glauben, die höheren Tiere, die Vögel und Säugetiere, so „menschlich" darzustellen, wie er es getan hat, und er hat gerade durch diese Art der Darstellung die allerbreiteste Allgemeinheit für diese unsere Mitgeschöpfe gewonnen. Das ist und bleibt seine unsterbliche kulturgeschichtliche Tat.

Heute liebt jedermann die Tiere, heute spricht jedermann von den Tieren, und heute liest jedermann über Tiere. Das Aufblühen der Zoologischen Gärten ist nicht zum wenigsten eine Folge dieser Wandlung.

An denen, die das Brehmsche Erbe zu verwalten haben, ist es nun, dieses teure Erbe so weiter zu entwickeln, wie es unsere fortschreitende wissenschaftliche Erkenntnis zur Pflicht macht und wie es Brehm selber ganz gewiß auch gemacht hätte, wenn er heute noch lebte und wirkte.

So ehren wir ihn am besten als einen unserer Großen, dem unser ganzes Volk, ja die ganze Kulturwelt ewigen Dank schuldet.

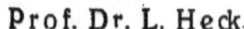

Prof. Dr. L. Heck.

## Brehms Leben

Wenn wirklich, um mit Schiller zu reden, „von des Lebens Gütern allen" der Ruhm das höchste und vornehmste ist, so im besonderen Maße der, an den sich nicht nur kühle Hochachtung, sondern lebendige Liebe knüpft. Von dieser Art ist der Weltruhm Brehms, und zwiefach sind die natürlichen Quellen, denen sein Ruhmestitel entstammt. Er war nicht nur ein bedeutender Forscher, er war auch eine Persönlichkeit; nach außen hin ein Mann der Tat, den feste Gesinnung und Willenskraft lenkten, nach innen ein Mensch, dem nichts Menschliches fremd war, ein Mensch mit dem Herz auf dem rechten Fleck. Das sichert ihm dauernde Hochachtung. Der zweite Quell war seine Begabung, Erlebtes, Erschautes so nachzuschildern, daß auch der sprödeste Leser mitging, angezogen und festgehalten sowohl durch die malende Darstellungskunst wie durch das Dargestellte selbst. Alles, was Alfred Brehm geschrieben, war obendrein trefflich dazu befähigt, die ewige Erbsehnsucht zu stillen, die jedem von uns im Blute rumort, das alte, eingeborene Heimweh nach der Urheimat, der Natur. Das sichert ihm zu seinem Ruhm unsere Liebe.

Rund ein Jahrhundert ist verflossen, seit er (am 2. Februar 1829) im stillen Pfarrhaus zu Renthendorf, im Kreise Neustadt in Thüringen, zum erstenmal die Augen aufschlug — sie, die in späteren Lebensjahren so viel, so unendlich viel geschaut und doch nie satt geworden sind vom goldnen Überfluß der Welt.

Es stand ein glücklicher Stern über ihm. Der Vater, Christian Ludwig Brehm, war nicht nur wohlbestallter Pfarrer, im ganzen Kreise beliebt und geschätzt, er war auch, gleichsam im Nebenberufe, im Dienste einer Wissenschaft tätig, die er in Gemeinschaft mit Gleichgesinnten erst selbst ins Leben gerufen hatte, der Wissenschaft der Vogelkunde. Im Pfarrhause konnte man ihr nicht dienen. Die Singvögel, die den Garten bewohnten, die Rauchschwalben, die ihre grauen Nester im fliegendurchschwärmten Kuhstall bauten, oder die schnarchende Schleiereule unter dem offenen Scheunengiebel waren gewiß der Beobachtung wert, reichten jedoch für den Wissensdurst des forschenden geistlichen Herrn nicht aus. Sein Feld war der ganze Neustädter Kreis, den er, die Flinte über der Schulter, eifrig zu durchstreifen pflegte, soweit es sich mit den Seelsorgerpflichten nur irgendwie vereinbaren ließ. Die Mutter, des Pfarrers zweite Frau und seinen zwei Jungen aus erster Ehe die liebevollste Erzieherin, war lebhafter, heiterer Sinnesart, feingebildet und immer bereit, von ihrem Wissen mitzuteilen.

In diesem stillen und doch so frohen, weil geistig bewegten Lebenskreise wuchs unser künftiger Forscher auf, von der Mutter schon früh mit den klassischen Werken der großen Dichter bekannt gemacht, zum Hohen und Schönen hingeleitet, vom Vater gemeinsam mit seinen Brüdern in die Geheimnisse der Natur, der Tiere und Pflanzen eingeweiht. Ein Knirps noch, zog er schon mit hinaus in die urwüchsig dichten Wälder der Heimat, die keine moderne Forstkultur quälte, das Tal der Roda hinauf und hinab, über Felder und Wiesen, halbtagelang, auf Weisung des Vaters allzeit bedacht, das Späherauge auf seltene Vögel oder versteckte Nester zu richten.

„Hörst du den Vogel dort pfeifen, Alfred? Wie heißt er,

Christian Ludwig Brehm

wie sieht der Tonkünstler aus? Ein Mönch ist es, richtig, mit schwarzer Kopfplatte. Und woran erkennt man das Weibchen des Mönchs? An seinem rotbraunen Schnabel, jawohl. Hörst du? Jetzt lockt er: tack, tack, tack. Von welcher anderen Grasmückenart vernahmen wir gestern den gleichen Lockton? Vom Müllerchen, ja, von der Klappergrasmücke. Ganz ebenso lockt auch die Nachtigall. Schau, Alfred, dort auf dem Birkenzweige — ein Zaunkönig mit einem Schnabel voll Futter. Wie machen wir's, um sein Nest zu finden? Wo baut er es und wie sieht es aus?"

In dieser Weise, Brehm selbst hat's erzählt, ging während des Marsches der Unterricht fort, und strahlenden Auges und offenen Mundes staunten die Jungen die Wunder an, die ihnen der kundige Vater wies.

Es gab damals mehr zu bestaunen als heute. Die Welt, in der sich die vier bewegten, war gleichsam ein einziger, ungeteilter riesiger Naturschutzpark, kein künstlich gehüteter und gehegter, wie unsere heutigen Schutzanlagen, die letzten, fast einzigen Bannbezirke der armen, kulturbedrängten Natur. Es gab noch keine "Kulturflucht" der Tierwelt, wie wir sie heute schweren Herzens von Jahr zu Jahr im Fortschreiten sehen; es galt noch für Wiesen, Felder und Wälder das unverbrüchliche Gesetz der "Lebensgemeinschaft im Gleichgewicht". Wie frühzeitig reif zur Naturbeobachtung der aufgeweckte Alfred war und wie sehr ihn der Vater als Gehilfen beim Ausbau seiner Sammlungen schätzte, bewies er am achten Geburtstag des Sohnes: er gab ihm ein eigenes Gewehr.

Seltsam, wenn man heute zurückblickt auf die Jugendzeit unseres Forschers, so ist man versucht, denen recht zu geben, die an eine weise Vorausbestimmung des einzelnen Menschenschicksals glauben. Es konnte, meint man, aus

Das Geburtshaus, die Pfarre in Renthendorf

Alfred Brehm, dem Sohne des vogelforschenden Pfarrers, dessen ornithologische Werke noch heute unvergessen sind, eigentlich gar nichts anderes werden, als was er tatsächlich geworden ist; und doch ging er nicht, wie man erwartet, geradeswegs auf das Studium los, das ihm allein die Weiterbeschäftigung mit der Natur gewährleisten konnte. Sein älterer Stiefbruder Reinhold ergriff es, das Studium der Medizin und der reinen Naturwissenschaften, er aber wandte sich gleich nach der Schulzeit einem praktischen Fache zu, der Laufbahn eines — Architekten. Vier Jahre blieb er dem Baufache treu, und wenn ihn nicht ein glücklicher Zufall — von Fügung kann man wirklich nicht reden — aus seiner Bahn gerissen hätte, er wäre wohl auch Architekt geblieben. Möglich, daß er der Vogelwelt auch so seine herzliche Neiin den Schoß fiel, an einer Weltreise teilzunehmen. Ein englisches Kriegsschiff stand im Begriff, eine Erdumseglung anzutreten, und da die Fahrt nach Ländern ging, die wissenschaftliches Neuland waren, so hielt es der Kapitän für erwünscht, einen jüngeren Forscher mitzunehmen, der in Botanik und Zoologie die nötigen Kenntnisse aufweisen konnte. Er wandte sich an den berühmten Professor, und dieser empfahl seinen Schüler und Freund. Fast wäre das Glück des jungen Forschers in letzter Stunde in Scherben gegangen, und zwar — seiner rundlichen Nase wegen. Beeinflußt durch Lavaters „Physiognomik" (auf deutsch heißt das Fremdwort Gesichtsausdruckslehre), glaubte nämlich der Kapitän aus der Nasenform seines Reisebegleiters auf mangelnde Willenskraft schließen zu müssen. Er ließ aber zu seinem eigenen Besten den Einspruch schließlich auf sich beruhen und sicherte sich so unbewußt einen unvergänglichen Ruhmestitel. Der junge Mann mit der rundlichen Nase hat Lavaters Physiognomik zum Trotz ausreichend Willenskraft besessen, um nicht nur die Expedition als solche für immer unvergessen zu machen, er hat sich auch über die Weltfahrt hinaus so energievoll und regsam erwiesen, daß er der Wissenschaft eines Jahrhunderts den Stempel seines Genius aufdrücken konnte.

Der junge Naturforscher war Charles Darwin, und wenn hier die Anfänge seiner Laufbahn so scheinbar über alle Gebühr ausführlich nacherzählt worden sind, so deshalb, weil sie sich denen Brehms auffallend gleichläufig abgespielt haben. Freilich, eine Erdumseglung winkte dem eben achtzehnjährigen baufachbeflissenen Pfarrerssohn nicht, wohl aber eine gleichfalls bedeutende, für ihre Zeit sogar unerhörte Forschungsreise nach Afrika.

Ein württembergischer Baron — John Wilhelm von Müller

war sein Name —, der ähnlich wie der alte Brehm begeistert Vogelkunde trieb und mit dem Renthendorfer Pfarrer zwecks Austauschs von Bälgen Beziehungen pflegte, plante eine Sammelreise, die tief in den damals wirklich noch dunklen, unerschlossenen Erdteil führen und vorzugsweise der Erforschung der tropischen Vogelwelt dienen sollte. Für diese suchte er einen Begleiter, der jung, also möglichst anspruchslos war, jedoch über gute Fertigkeiten im Jagen, Sammeln und Präparieren von kleinen und großen Vögeln verfügte. Seine Wahl fiel auf Alfred Brehm, zumal er dessen Nasenspitze auch ohne Kenntnis von Lavaters Lehre genügend Tatkraft und feste Gesundheit für eine Afrikareise ablas.

Die Klippe, die Darwins Weltumseglung um ein Haar hätte scheitern lassen, war hier, im Falle Brehm, nicht vorhanden, wohl aber eine andere Klippe: der Einspruch des Vaters, dem die Reise doch allzu gewagt und bedenklich erschien. Ausgerechnet den jüngsten Sohn, der kaum die letzten Schulbanksplitter aus seinen Kleidern losgeworden, für das gefahrvolle Unternehmen des Freiherrn von Müller herzugeben, dünkte ihn ein unmögliches Ding. „So lange ich zu entscheiden habe," schrieb er an seinen Freund Eugen von Homeyer, „geht Alfred n i c h t nach Afrika." Er muß aber doch nach kurzer Frist seine Meinung darüber geändert haben, vielleicht auf allzu bewegliches Flehen des lichterloh für den schwarzen Erdteil und seine Tierwelt entflammten Sohnes, vielleicht auch in Erkenntnis dessen, daß just für die Systematik der Ornis, der er sein Leben gewidmet hatte, die Kenntnis der afrikanischen Arten von allergrößter Bedeutung sei. Jedenfalls kippte er ebenso um, wie der Führer des englischen Kriegsschiffs „Beagle", und Alfred Brehm wurde mit dem Baron im Punkte Afrika handelseins.

Ein Jahr, im äußersten Fall anderthalb, sollte die Sammelreise dauern, doch währte sie wiederum, wie bei Darwin, etwas mehr als die dreifache Zeit. Beide, der Engländer wie der Deutsche, blieben auf ihren Jugendreisen ein halbes Jahrzehnt der Heimat fern, und beide — auf daß der Vergleich sich vollende — erwarben sich in diesem langen Zeitraum Rüstung und Schulung zum Forscherberuf, der jenen zum Künder und Begründer der Abstammungslehre werden ließ, diesen zum unübertroffenen Meister der wenig gepflegten Tierlebenkunde. Beiden brachte der Forscherberuf im späteren Leben Weltruhm ein. Der einzige Unterschied war nur der, daß die Weltumseglung des englischen Kriegsschiffs unter Kapitän Fitz Roy aufs sorgsamste vorbereitet war, während das Afrikaunternehmen des württembergischen Barons von Anfang an unter schlechter Ausrüstung und zuletzt unter Geldmangel litt. Der Edel- und Ehrenmann J. W. von Müller ließ seinen bewährten Reisegenossen schließlich ganz und gar im Stich, so daß er, hätten nicht selbstlose Freunde sich des Verratenen angenommen, unzweifelhaft dem tückischen Klima des Sudans zum Opfer gefallen wäre.

Es ist schon betont, daß Afrika um jene Zeit ein ganz anderes war, als es uns heutigen Menschen erscheint. Noch hatten Barth und Livingstone, Speke, Nachtigal, Emin-Pascha, Stanley und wie die großen Entdecker des dunklen Erdteils sonst heißen mögen, ihre Großtaten nicht vollbracht. Die uns am bedeutendsten dünkenden Forscher langten sogar erst Jahrzehnte nach Brehm auf ihrem Ruhmesfelde an. Und wenn sich sein Ziel von dem der Genannten insofern auch wesentlich unterschied, als er nicht unbekannte Länder und unentdeckte Volksstämme suchte, so war doch das Reisen an und für sich durch Afrikas sonnendurchglühte Wüsten und fieberdurchhauchte Urwaldstrecken noch derart beschwerlich und gefahrvoll, daß wir, die wir Eisenbahnen und Autos,

Blick auf Renthendorf. In der Mitte das Geburtshaus, links die Scheune, Brehms zoologische Werkstatt

Telegraphen und Telephone, kurzum das ganze Arsenal der modernen Technik verfügbar haben, uns kaum eine Vorstellung davon machen. Es hieß schon etwas, mit achtzehn Jahren den heißen Boden zu betreten, der schon zu Hunderten ältere, sehr viel besser vorgeschulte und besser ausgerüstete Forscher erbarmungslos in den Sand gestreckt hatte.

Am 6. Juli 1847 traten die Reisenden von Triest aus ihre Fahrt nach Ägypten an, besuchten Griechenland unterwegs und landeten am 25. Juli im Hafen von Alexandrien. „Palmen! Und obendrein Palmen in Wäldern! Das Schaustück war zu neu, als daß wir es nicht bewundern sollten. Das Märchenland aus Tausendundeiner Nacht lag vor uns." Wenige Tage nach dieser Begrüßung belehrte den begeisterten Jüngling in Kairo ein heftiger Sonnenstich, an dessen Folgen er wochenlang unter schweren Fiebern und Ohnmachten litt, daß man in diesem Märchenlande nicht ungestraft unter Palmen wandelt — wenigstens nicht ohne Kopfbedeckung. Während er schwerkrank im Bette lag, kaum imstande, sich zu bewegen, erschütterte obendrein ein Erdbeben derartig kräftig die ganze Hauptstadt, daß rings um sein Lager die Wände krachten und unter den Trümmern der Nachbarhäuser, die weniger standhafte Mauern besaßen als das von ihm bewohnte Gasthaus, zahlreiche Menschen begraben wurden. Der Willkomm, den der Orient ihm bot, war überaus lieblos und bedrückend, doch kehrten mit den wachsenden Kräften rasch Mut und Lebenslust zurück.

Nach längerem Aufenthalt in Kairo, der Perle des ganzen Orients, die Brehm nicht genug zu rühmen wußte, ging Ende September die Reise nilaufwärts, durch Nubien in den Sudan hinein. Bis Ambukol benutzten die Reisenden eines der üblichen Nilfahrzeuge, im Lande „Dahabijeh" genannt, während die Weiterreise bis Chartum durch die Bajudasteppe erfolgte. Im ganzen brauchten sie rund hundert Tage, um nach der Hauptstadt des Sudans zu kommen, eine erschreckend lange Zeit im Vergleich zu der, die man heute benötigt. Doch hatte das Schneckentempo den Vorzug, daß der Baron und sein junger Gefährte nicht nur die alten Kulturdenkmäler und das abwechslungsreiche Treiben an beiden Ufern des Nils bewundern, sondern auch gleich von Anfang an ihre Sammelzwecke verfolgen konnten. Wenn die Dahabijeh wegen Windmangels besonders langsam vom Flecke kam, schritten sie jagend und beobachtend längs des Ufers dem Schiffe voran, und wo sich auf einer Sandbank im Strombett ein buntes Gewimmel von Störchen, Flamingos, Reihern und Enten den Blicken bot, wurde gleichfalls die Flinte erprobt.

Anstrengender, wenn auch gleich glücklich verlaufend, war der zehn Tage währende Marsch durch die in ihrer nördlichen Hälfte einer Sandwüste gleichende, in ihrem südlichen Teile dagegen durch Gras und Buschwerk belebte Bajuda. Hier, in der endlos erscheinenden Wüste, lernte der Forscher zum erstenmal ihr lebendiges „Schiff", das Dromedar, kennen, zum erstenmal aber auch verstehen, was brennender Durst zu bedeuten hat. Einmal, als Brehm mit dem Baron bei glühender Hitze der Karawane, die langsam ihres Weges stelzte, weit vorausgeritten war, harrte er wie ein Verschmachtender der wassertragenden Lastkamele, stürzte, als sie in Sichtweite kamen, gierig auf die Schläuche zu und trank sich in einem langen Zuge Erquickung und — fürchterliche Qual. Das warm und stinkend gewordene Schlauchwasser erzeugte nicht nur Erbrechen bei ihm, sondern auch so entsetzliche Schmerzen, daß er, solange ihn Afrika festhielt, lieber den quälendsten Durst ertrug, als wieder im Schlauchwasser Labung zu suchen. Der einzige, etwa in der Mitte des Wüstenweges gelegene Brunnen war eine Tagesreise entfernt, und als sie ihn endlich, endlich erreichten, erwies er sich als eine elende Lache mit dunkelgrünem, schmutzigem Inhalt. „Der Nomade, der uns einen Trunk daraus schöpfte, mußte erst ihre Oberfläche vom Kot einer Ziegenherde säubern, die eben darin ihren Durst gelöscht. Trotzdem dünkte das Wasser uns köstlich." Und noch ein anderes lernte er kennen auf dieser ersten Wüstenreise, was er nie mehr vergessen konnte: den Zauber der sternhellen Wüstennacht. „Sie ist nach der sengenden Tagesglut die milde, versöhnende Spenderin unsagbaren Wohl- und Hochgefühls, die Frieden und Freude bringende Zeit, die der Mann herbeisehnt wie die Geliebte, die ihm das lange Harren vergilt. Leïla, die Nacht der Wüste, ist dem Araber Inbegriff dessen, was ihm als hoch und herrlich erscheint." So unvergeßlich war ihm die Schönheit, die Reinheit und Helle der Wüstennacht, daß später eine seiner Töchter den Taufnamen Leïla erhielt.

Der südliche, grüne Teil der Bajuda nahm den Reisezug freundlicher auf und bot mit seiner reichen Tierwelt auch wieder Gelegenheit zur Jagd. Fast ununterbrochen führte der Pfad durch Mimosenwälder dahin, von Droßlingen, bunten tropischen Finken und anderm gefiederten Volk belebt, und wo die Mimosen den Blicken erlaubten, über weite Flächen zu schweifen, stelzten mit würdeheuchelnden Schritten mächtige Marabus durch das Gras. Ihre Berufskollegen, die Geier, kreisten wie immer und überall, wo Karawanen des Weges ziehen, auf Beute hoffend, in hoher Luft. Das war wie ein Vorgeschmack auf die Freuden, die er als Sammler und Tierbeobachter tiefer im Süden erleben sollte, Freuden, die freilich durch Fieberqualen nur allzuoft beeinträchtigt wurden. Am 7. Januar 1848 langten unsere Reisenden in Chartum, der Hauptstadt des Sudans, an, von Soliman Pascha, dem Gouverneur, aufs liebenswürdigste aufgenommen.

Die erst ein Vierteljahrhundert alte und deshalb noch recht primitive Hauptstadt sollte zunächst das Standquartier der Rei-

Dromedare werden beladen
Holzschnittzeichnung von Robert Kretschmer

senden bilden, weil sich von hier aus nach allen Richtungen lohnende Jagdzüge machen ließen, vor allem in die berühmten Wälder des Blauen und des Weißen Nils. Es wurde ein kleines Häuschen gemietet, das zwar erst von den bisherigen Einwohnern, Skorpionen und Taranteln, Schlangen und ähnlichem Gelichter gründlich gesäubert werden mußte und dessen offene Fensterlöcher bei Tage außer Sand und Staub ganzen Scharen von Fliegen und Wespen, bei Nacht von

Moskitos Einlaß gewährten, in dem sich die Reisenden aber dennoch wohnlich einzurichten verstanden. Brehm, der geborene Tierlebenforscher, gewöhnte sich rasch an die Wiederkehr der Spinnen- und Skorpionengäste, ja, die zur Nachtzeit mit leisem „Geckgeck" an Wänden und Decke seines Schlafzimmers umherspazierenden Gecko-Eidechsen dünkten ihn sogar „lieb und wert", machten sie doch in aller Unschuld auf lästige Insekten Jagd. Besonders bezeichnend war aber für ihn, daß seine allererste Sorge, nachdem die Innenräume des Häuschens leidlich hergerichtet worden, der Anlage einer Menagerie galt, für die ein Hofraum verfügbar war. Bei seinem Eintritt in den Sudan hatte er über die hohen Mauern einzelner dörflicher Gehöfte Giraffen und Strauße hinwegschauen sehen, und diese Wahrnehmung ließ ihn nicht ruhen, bis er den zahlreichen toten Tieren, die präpariert in Kästen lagen, auch eine Sammlung lebender Tiere zur Beobachtung beigesellt hatte. Fürs erste setzte sich der „Tierpark" aus einem Paar jugendlicher Hyänen, die er für einen Gulden kaufte, einem drolligen Marabu, ein paar Gazellen, mehreren Affen sowie zwei stolzen Straußen zusammen, die Soliman Pascha gestiftet hatte. Es war eine eigene kleine Welt, deren Beobachtung und Betreuung ihm ungeheures Vergnügen gewährte, fast ebensoviel wie die Vogeljagd. Die anfangs sehr bissigen Hyänen wurden in seiner Erziehung so zahm, daß sie wie Hunde an ihm emporsprangen, sobald sie seiner ansichtig wurden, und ihm im zweiten Stock des Hauses auch unaufgefordert Besuche machten, wenn einer der Diener verabsäumt hatte, die Stalltür hinter sich zu verschließen. Später wurden die Zimmerbesuche sogar zur Regelmäßigkeit. „Für Fremde war es ein seltener Anblick, ebenso unheimlich wie überraschend, mich und meinen Reisegefährten an unserm Teetisch sitzen zu sehen, jeder mit einer Hyäne zur Seite." Beherrscher der bunten Tiergesellschaft, die sich im Hofe tummelte, war der zahme Marabu. Sein Keilschnabel war so bedrohlich spitz und seine Haltung so ehrfurchtgebietend, daß sich die anderen Hofgenossen stets in gemessenem Abstand hielten, wenn er wie ein Pascha spazieren ging.

Die Jagd im Sudan war vielversprechend, vor allem in den üppigen Wäldern an den Ufern des Blauen Nils. Wenn nur das Klima weniger tückisch und fieberschwanger gewesen wäre! Gewöhnlich pflegten sich die Anfälle dort am heftigsten einzustellen, wo das Gebiet am ergiebigsten war. Kaum hatte sich Brehm mit zwei nubischen Dienern im Urwald häuslich eingerichtet und ein paar Tage mit bestem Erfolge der Jagd auf Federwild obgelegen, da warf ihn ein heftiger Fieberanfall nieder. Ohne Arznei und ärztliche Hilfe, ohne liebevolle Bedienung lag er am 2. Februar, an seinem zwanzigsten Geburtstag, vom Fieber geschüttelt in seinem Zelt. Sobald sich der Zustand gebessert hatte, raffte er alle Kräfte zusammen und ging von neuem an die Arbeit, jagte und präparierte die Beute, fühlte sich aber von Tag zu Tag matter und mußte am 8. Februar wohl oder übel nach Chartum zurück. An diesem Tage wäre es beinahe zwischen ihm und dem Baron, der mit der Anzahl der heimgebrachten präparierten Vogelbälge ganz und gar nicht zufrieden war, zum unheilbaren Bruche gekommen. „Mich empörte die Undankbarkeit," schreibt Brehm in seinem Reisebericht, „ich hatte selbst fieberschwach noch gearbeitet. Zum ersten Male fühlte ich damals, daß die Bemühungen eines Naturforschers selten gebührend anerkannt werden. Hätte nicht gerade die Wissenschaft ihre unwiderstehlichen Reize, wäre sie es nicht, die ihre Jünger durch den reichen Genuß belohnt, ihr, der hohen, dienen zu können, ich hätte von jener Stunde an keine Beobachtung mehr gemacht, kein Tier mehr gesammelt. Und damit würde ich mir selbst das Tor meines Glückes verschlossen haben. Denn mehr und

Faultiere im Urwald

mehr lerne ich verstehen: meine beschwerlichen Reisen, meine trüben Erfahrungen haben mir überreichen Lohn gebracht."

Am 25. Februar schlossen sich die Wiederversöhnten einem englischen Major, der in ägyptischen Diensten stand, zu einer Reise nach Kordofan an. Die Fahrt ging in einer Dahabijeh den Weißen Fluß aufwärts, zwischen dichten Urwäldern hin, in denen Scharen von Papageien und langgeschwänzten Affen lärmten, bis nach dem kleinen Dorfe Torrah, wo man die Ankunft der nötigen Lasttiere für die Landreise abwarten mußte. Schneller als diese kam das Fieber, das jetzt auch den Baron ergriff und das sowohl ihm wie seinem Gefährten während der tagelangen Kamelritte durch das Steppenland Kordofan, die glühendste, ungesundeste Gegend im ganzen weiten Nordostafrika, beständig auf den Fersen blieb. Um so eifriger wurden die Tage, an denen die Krankheit sie verschonte, zu Jagden und Studien ausgenutzt. Kordofan war schon an sich ein Land, das einen Naturforscher reizen konnte. Oft hatte Brehm nicht Zeit genug, um seine leicht errungene Beute zu präparieren und zu beschreiben, denn überall lockten in der Steppe unbekannte Adler und Falken, im Urwalde Prachtvögel aller Art. Sein Dromedar, das in der ersten Zeit bei jedem Schusse mit ihm durchging, hatte er nach und nach so geschult, daß es beim Feuern stehen blieb, während ein kordofanesischer Diener, der hinter dem Sattel zu hocken pflegte, blitzschnell von seinem Sitze sprang und wie ein Jagdhund alles Erlegte herbeiholte und in Obhut nahm. Auch er mußte erst für die Jagd geschult werden, weil er von Hause aus gewohnt war, der Beute die Kehle durchzuschneiden.

Besonders anregend waren die Tage, welche die Reisenden im südlichen Kordofan, in Melbeß, einem im Urwald gelegenen kleinen Dorfe, verbringen konnten. Bei Tage, wenn heiße Südwinde hauchten, war es still im ganzen Revier, die kühle Nacht erst brachte Leben. „Sie machte die trägen Einwohner munter und führte uns Gäste vom Walde her zu, wenn auch nicht immer gern gesehene. Auf den Dorfbäumen schnurrten Nachtschwalben und von den Spitzen der Einwohnerhütte kreischten kleine Eulen herab. Mit ihnen erschienen auch andere Tiere. Hyänen besuchten allnächtlich das Dorf, wurden jedoch von den wachsamen Hunden mit heftigem Gebell begrüßt und kehrten in ihre Wälder zurück. Zweimal schlich auch ein Löwe heran und holte sich Beute aus den Hürden, so daß wir auf den Überresten seiner königlichen Tafel am andern Tag Geier erlegen konnten." Was mußten Kordofans Steppen erst bieten, wenn nach den erdrückenden Monden der Dürre die lebenweckende Regenzeit den Frühling in ihnen entzaubert hatte! Wie anders mußten die Wälder erscheinen, wie üppig von jauchzendem Leben erfüllt, wenn erst den Kronen der Mimosen balsamische Wohlgerüche entströmten! Töricht, für eine Steppenreise gerade die drückendste Zeit zu wählen, töricht vielleicht, das Erwachen des Frühlings, der gleichsam schon vor den Toren stand, nach all den Strapazen nicht abzuwarten. Allein zu mörderisch war das Klima, und allzu häufig, in wachsender Schwere, traten die Fieberausbrüche auf, als daß noch ein Zuwarten möglich war. Die Art, wie die Rückreise sich vollzog, bewies deren dringende Notwendigkeit. Brehms Zustand wurde derart bedenklich, daß er sich bei all seiner Willenstärke nicht lange im Sattel zu halten vermochte und mehr als einmal flehentlich bat, ihn nicht mehr aufs folternde Reittier zu zwingen, vielmehr seinem Schicksal zu überlassen. Als sie am 24. Juni, vier Monate nach der Abfahrt von Chartum, das Ufer des Weißen Nils erreichten und seinem Wellengeplätscher lauschten, erschien es ihnen wie Himmelsmusik.

Daß angesichts solchen Körperzustands der Aufenthalt in

Löweneinbruch in der Seriba
Holzschnittzeichnung von Robert Kretschmer

der Hauptstadt des Sudans nicht mehr von längerer Dauer sein konnte, war dem Baron natürlich klar. Nachdem die riesige Bälgesammlung nochmals durch Jagdzüge an den Nil um viele wertvolle Stücke bereichert und kunstgerecht verpackt worden war, traten die Reisenden Ende August mit ihren toten und lebenden Tieren die Rückfahrt nach Ägypten an. Selbst die Hyänen fuhren mit. Zwei der Regierung gehörende Barken hatte der Generalgouverneur den Reisenden zur Verfügung gestellt. Alle Gefahren des tückischen Klimas und alle Qualen der Wüstenritte verschwanden hinter der lockenden Aussicht, bald wieder im „Paradiese" zu sein. Die ganze Reise sollte diesmal an Bord der Barken zurückgelegt werden; die Wüstensteppe der Bajuda mit ihrem zweifelhaften Brunnen mußte sich damit zufrieden geben, daß ihr die Nilfahrer dann und wann einen freundlichen Gruß der Erinnerung sandten. Neue Bilder und neue Eindrücke winkten an beiden Ufern des Stromes, und wo sie Jagdgelegenheit fanden, konnten sie ganz nach Wunsch und Willen ihr Schifflein am Ufer festmachen lassen und ihrem Sammeleifer genügen. Dennoch verlief die Fahrt nach Ägypten nicht ohne vielfache Lebensgefahr, weil nämlich Brehm und der Baron aus reinem Übermut darauf bestanden, sämtliche Schnellen zu durchfahren, auch die gefährlichsten von allen: die Wasserstürze von Wadi-Halfa.

Mehrfach hat Brehm diese Stromschnellenreise und ihre Gefährlichkeit geschildert; als Probe seiner Darstellungskunst mag eine seiner Schilderungen hier wörtlich wiedergegeben werden. „Alle," erzählt er, „mahnten uns ab, durch unser Vorhaben Gott zu versuchen, jedoch wir beharrten auf unserm Entschluß. Damit die naturwissenschaftlichen Schätze auf jeden Fall gerettet würden, zog mein türkischer Diener Ali mit ihnen auf Kamelen voraus. Unseren nubischen Bedienten stellten wir frei, uns zu begleiten oder den Landweg einzuschlagen. Sie zogen sämtlich das letztere vor.

Die Nacht warf ihren Schleier über das wilde Land. Im Felsental donnerten die abstürzenden Wogen, in der Bucht spiegelten sich die Sterne, am Ufer dufteten blühende Mimosen. Da trat ein uralter, zwischen den Stromschnellen geborener und ergrauter Schiffsführer zu uns Abendländern. Ein schneeweißer Bart umrahmte sein würdiges Antlitz; sein weites Obergewand erinnerte an den Talar eines Priesters. Söhne der Fremde, begann er zu reden, Schweres habt ihr mit uns überstanden, Schwereres steht euch bevor. Ich bin ein siebzigjähriger Mann, ihr könntet meine Kinder sein. So achtet meine warnende Stimme und laßt von eurem Vorsatz ab. Hättet ihr wie ich jene Felsen gesehen, die den Wogen die Tore verschließen, hättet ihr vernommen wie ich, wie diese Wogen dröhnend Durchlaß begehren und Felsen brüllend zur Tiefe stürzen, ihr würdet mir nachgeben. Würde nicht Kummer das Herz eurer Mutter brechen, wenn die Barmherzigkeit des Allerbarmers uns verließe? Ihr wollt nicht abstehen? So möge des Allgnädigen Gnade über uns allen walten!

Vor Sonnenaufgang wird es lebendig am Strande. Inbrünstiger als je zuvor sprechen die Schiffer das Gebet des Frührots. Ernste, des Stromes kundige Steuerleute, junge, gliederkräftige und waghalsige Ruderer bieten dem Alten ihre Dienste an. Bedachtsam wählt er die Erfahrensten, Kräftigsten aus ihrer Mitte; dreifach bemannt er das Steuer. Dann mahnt er zum Aufbruch. Männer und Söhne des Landes, Kinder des Stromes, betet die Fatiha, befiehlt er. Und alle sprechen die Worte der ersten Sure des Korans: Lob und Preis dem Weltenherrn. Langsam treibt der aufgestaute Strom unser Schiff mit sich fort. Nachdem es die erste von den Schnellen erreicht hat, jagt es, weder dem Steuer noch den Rudern gehorchend, in allen Fugen krachend und ächzend, durch sich überstürzende Wogen und kochenden Gischt, durch Strudel und jählings sich wendende Straßen, auf Armeslänge an Felsenkanten vorüber und dicht über umwirbelte Felszacken hinweg, einer zweiten Stromschnelle zu. Das Ohr ist betäubt von den Donnern des Katarakts, kein Kommandoruf dringt durch den Wirrwarr der Töne. Die mehr und mehr zusammentretenden Felsen scheinen jeden Ausweg verschließen zu wollen, und wie gebannt späht der Blick nach einer Öffnung zwischen den schwarzen

Gesteinsmassen. Mit einer gewissen Beklemmung treiben wir darauf zu.

Urplötzlich stürzen alle zu Boden — das Schiff ist krachend auf einen Felsen gefahren. Aber nur ein leichtes Leck ist die Folge, und rings in der Nähe sind Felsen, auf die man sich retten kann. Warum sich fürchten? Gefaßter machen wir uns bereit auf die Durchfahrt des Tores, in das wir in der nächsten Sekunde eintreten müssen. Wir stehen mindestens zwölf Fuß über dem Spiegel des anderen Endes des Wassersturzes, aber nur einen Augenblick; denn schon erfaßt uns die Gewalt des Stromes. Auf beiden Seiten steigen schwarze Felsen fast senkrecht empor, nur wenige Fuß von uns entfernt, so daß die Ruder eingezogen werden müssen. Wie, wenn der Strom unser Schiff an den Steinmassen zerschellte? Wer wäre imstande, an ihnen emporzuklimmen? Niemand! Rettungslos wären wir verloren. Aber nur Mut, die verderblich erscheinenden Wogen erretten uns selbst. Sie umfassen, umklammern die Barke und nehmen sie mit sich in rasender Eile; wie ein Pfeil jagt sie zwischen den Steinmauern durch.

Da — unmittelbar vor uns am Ende des Falles erhebt sich ein mächtiger Felsblock über die ihn umtobende Flut. Hochauf spritzt der Gischt, aber ohnmächtig rieseln die Wasser zurück, wie Silberlocken eines Riesenhauptes. Und darauf zu stürzt unser Schiff. Im Namen Gottes rudert, rudert ihr Männer, ihr tapferen, ihr gewaltigen kühnen Männer, rudert, rudert! stöhnt der Alte. Vor uns her schwebt, schwankt und taumelt unsere zweite Barke — sie biegt links ab — ein Jubelruf ihrer Matrosen, sie ist in Sicherheit. Ihr nach, ihr Männer, ihr tüchtigen Männer! bittet, schmeichelt, befiehlt der Führer. Allein es ist leider nicht möglich. Ohne aufzustoßen, fallen wir ab, auf die andere Seite. Eine der Regierung gehörende Dahabijeh folgt uns. Sie ist zu lang, um schnell genug dem Steuer gehorchen zu können — jetzt dreht sich ihr Schnabel nach links — ein furchterregender Krach — dort sitzt sie auf dem Felsen. Der Strom hat sein Opfer und hält es fest. Umsonst ringt ihr Führer verzweifelt die Hände und fleht um Hilfe zu uns herüber, allein wir verstehen kein Wort. Wir gehören dem Strome; ihm Hilfe zu bringen vermögen wir nicht.

Wo aber sind wir selbst? Es scheint, als ob es auch für uns keinen Ausweg gäbe. Wir sind verirrt, wir befinden uns mitten im Labyrinth! Eine entnervende Angst bemächtigt sich der Mannschaft. Keiner der Matrosen, keiner der Schiffsführer weiß, wo wir sind. Einzelne Matrosen werfen die letzte Hülle von sich, um schwimmend das Ufer zu erreichen, an Rettung des Fahrzeugs denkt niemand mehr. Den Rudern fehlen die Arbeiter, dem Steuer die Führer. Immer noch jagt die Barke zwischen den Felsen hindurch, aber nach allen Seiten strömt das Wasser ab, unser Fahrwasser muß immer seichter werden. In dieser Not übertönt die Stimme des schneeweißen Alten, des „Vaters der Schiffsführer", das Tongewirr des jammernden Schiffsvolks, ja selbst das Brausen des Katarakts: An die Ruder, ihr Helden! Seid ihr denn toll, ihr Kinder der Heiden? Arbeitet, arbeitet, ihr Männer, ihr tapferen! Maschallah! Allah kerim! Er selbst handhabt das Steuer. Da fließt nach links ein starker Arm des Stromes ab, in ihn lenkt der Alte die Barke. Mit sicherer Hand verfolgt er den Lauf des Stromzweiges und erreicht freies Fahrwasser. Die Gefahr ist vorüber. Gewehrsalven grüßen das schon am Horizonte auftauchende Palmendorf Wadi-Halfa. Die Araber fallen auf ihr Angesicht und beten wie vor der Abfahrt: Lob und Preis dem Weltenherrn! Eine halbe Stunde später gehen wir in Wadi-Halfa an Land. Wie belohnend ist das Gefühl, solch Wagnis glücklich bestanden zu haben. Und dennoch möchte auch ich den Katarakt, nachdem er mir einmal seine Schrecken enthüllt, zum zweiten Male nicht überfahren."

Fünf Wochen hatte die Fahrt von Chartum nilabwärts bis Wadi-Halfa gedauert, obgleich sie nur selten durch Landaufenthalte, die immer kurz bemessen waren, Unterbrechungen erfuhr. Die schwierigste und gefahrenreichste, ödeste Strecke war glücklich durchmessen. Am 6. Oktober stießen die Barken vom Ufer Wadi-Halfas ab, und schon am 30. grüßten die Reisenden aus der Ferne die Minarette der Zitadelle von „El-Kahira", der palmenumstandenen Hauptstadt Ägyptens, der seit den fieberschweren Tagen von Kordofan ihre Sehnsucht galt. Etliche Wochen wurden in Kairo ausschließlich der Erholung gewidmet, der Kräftigung des geschwächten Körpers, denn ehe sich die Gefährten trennten, sollte noch eine gemeinsame Jagdreise nach den unterägyptischen Seen, besonders dem riesigen Mensaleh-See, dem Treffpunkte der von Norden kommenden ungeheuren Zugvogelscharen, zum Besten der Sammlung veranstaltet werden. Der Baron wollte Anfang des neuen Jahres Afrika den Rücken kehren und mit seinen Schätzen zur Heimat zurück, Brehm dagegen — so war vereinbart — sollte für Rechnung des Barons noch eine zweite Forschungsreise ins Innere Afrikas unternehmen.

Kein Jagdgebiet im weiten Ägypten hat gleichen Eindruck auf Brehm gemacht, wie der gewaltige Mensaleh-See zwischen Damiette und Port Said. Rund dreißig Kilometer weit erstreckt er sich von der Küste ins Land, und seine Länge von West nach Ost mißt ungefähr das Doppelte. Zeitweilig war seine riesige Fläche, so weit das bewaffnete Auge sah, buchstäblich bedeckt von gefiederten Scharen, von Zugvögeln, die der Not gehorchend die Heimat im Norden verlassen mußten und auf ihrem langen Wanderzuge nach südlicher gelegenen Ländern den seichten, fischreichen Mensaleh zu kurzem Aufenthalt benutzten. Fast alle deutschen Entenarten gaben sich dort ein Stelldichein. Die Ufer belebten Säbelschnäbler, Schlammläufer, Ufer- und Wasserläufer; die Sümpfe in der Umgebung des Sees bevölkerten vielerlei Arten von Reihern, und in den Reisfeldern waren Heerschnepfen eine leicht zu erlangende Beute. Zu diesen ver-

Ibisse am Nil

trauten Vogelgestalten gesellten sich eingeborene Arten, Pelikane in ganzen Heeren, Löffler, Ibisse und Flamingos, und schließlich fehlten im bunten Gesamtbild auch die gefiederten Räuber nicht, die Fischadler, Seeadler, Kaiseradler sowie die mancherlei Edelfalken. Besonders nach Sonnenuntergang kam Leben in die Sumpfniederungen. Die Enten-, Gänse- und Scharbenmassen, die Reiher- und anderen Sumpfvogelarten, die während des Tages, weithin zerstreut, die Riesenfläche des Sees belebt hatten, zogen dann ihren Schlafplätzen zu. Das war ein Krächzen, Kreischen, Schnattern, ein Quaken, Trommeln, Pfeifen und Rufen, daß man sein eigenes Wort nicht verstand. Für die Reisenden war das Studium dieser nach Hunderttausenden zählenden, buntgemischten Vogelgesellschaft ein unvergeßliches Erlebnis, das mit nichts anderm vergleichbar war. Die Bälgesammlung des Barons bekam noch einmal bedeutenden Zuwachs, bevor er von Alexandrien aus die Rückfahrt in die Heimat antrat.

Mitte Februar winkte Brehm dem Gefährten die letzten Grüße zu, wehes Abschiedsgefühl in der Brust. „Wir hatten Deutschland verlassen und zwei Jahre Freude und Leid geteilt; wir hatten zusammen viel Schönes gesehen und vieles Schwere gemeinsam ertragen, in ein und demselben Zelte gelebt, unter einer Decke geschlafen, mit einem Becher Wasser aus dem Brunnen der Wüste geschöpft. Obgleich er manchmal ungerecht gegen mich gewesen war, hatten wir doch im ganzen wie Brüder gelebt. Jetzt trennten sich unsere Wege. Noch einmal drückte ich ihn ans Herz, noch einmal sagte ich ihm Lebewohl — wir schieden."

Bald nach der Abfahrt des Barons ging Brehm wieder an den See zurück, um seine Studien fortzusetzen, durchstreifte, als sich die Zugvogelscharen weiter nach Süden verzogen hatten und nach dem ungeheuren Lärm beinahe erschreckende Stille eintrat, teils auf dem Rücken eines Kamels, teils auf einer Dahabijeh die Kreuz und Quer das Delta des Nils und setzte sich schließlich für einige Wochen in Damiette am Mittelmeer fest, um dann nach Alexandrien und später nach Kairo überzusiedeln. Inzwischen war von der Regierung der langersehnte, weil langentbehrte bedeutsame Ferman eingetroffen, d. h. der Geleitsbrief des Vizekönigs, der Brehm und seine Reisebegleiter unter den Schutz der Behörden stellte, ja diesen sogar die Pflicht auferlegte, ihm überall Ehre zu erweisen und seine Reisewege zu ebnen. Respekt heischend prangte am Kopfe der Schrift das königliche Riesensiegel. Endlich war Brehm nun in der Lage, die frechen türkischen Beamten, die ihm das Leben genugsam erschwert hatten, mit dem Finger auf dem Siegel in ihre Schranken zurückzuweisen, sofern sie weiterhin Lust verspürten, die Rolle großmächtiger Herren zu spielen. Wohl wissend, wieviel im Morgenlande von imponierendem Auftreten abhing, verlieh er sogar seinem Diener Ali, der ehemals türkischer Soldat war und sich vortrefflich auf „Haltung" verstand, aus eigener Macht den Rang eines Arha, kleidete ihn entsprechend ein und rüstete ihn zum Überfluß mit zwei Pistolen im Gürtel aus. Sobald er von den türkischen Machthabern irgend etwas erlangen wollte, sandte er Ali-Arha voraus und ließ durch ihn den Geleitsbrief zeigen, was tatsächlich nie ohne Wirkung blieb. Er selbst nahm arabischen Sprachunterricht, um das noch mangelnde Vertrauen der Anhänger des Propheten zu gewinnen und ihre Sitten und Gebräuche gründlicher studieren zu können, mischte sich, von seinem Lehrer begleitet, so viel wie möglich unters Volk, wozu vor allem die Kaffeehäuser im Araberviertel Gelegenheit boten, legte, als er der Landessprache so weit mächtig geworden war, um leidlich Gesprochenes zu verstehen und in den gebräuchlichsten Redensarten und Redeblumen erwidern zu können, orientalische Kleidung an und nannte sich schließlich auch Chalihl statt Brehm. Seinen deutschen Vatersnamen deuteten sich die Mohammedaner in I-bre-hm, d. h. in Ibrahim um, und aus seinem ehrlichen Taufnamen Alfred wurde bei ihnen ein „elf-Afrihd", was soviel heißt wie „tausend Teufel". Der Name Chalihl (Gottesfreund) fand ihren ungeteilten Beifall, und da sein Träger in ihren Augen ungeheure Bildung besaß, so wurde aus Chalihl ein Chalihl-Effendi. Brehm behielt diesen Namen bei, solange er in Afrika weilte, und ihm und der Kenntnis der Landessprache verdankte er wesentlich das Vertrauen, das ihm in Ägypten wie später im Sudan alle Türen öffnete. Seine ausführlichen Reiseberichte legen Zeugnis davon ab, wie tief er, der Thüringer Pfarrerssohn, sich in die völlig fremde Welt der Mohammedaner eingelebt hatte und wie bis ins einzelne genau er ihre Eigentümlichkeiten und Charaktereigenschaften, ihre religiösen Bräuche, Hochzeits- und Trauerfeierlichkeiten, ihr ganzes Außen- und Innenleben zu erforschen Gelegenheit fand.

Zeit genug freilich blieb ihm dazu. Fünf Monate wartete er vergebens auf eine Nachricht vom Baron, und als die ersten Briefe eintrafen, brachten sie nichts Entscheidendes. Der Baron hatte mächtige Pläne im Kopf. Die neue wissenschaftliche Reise sollte unter der Leitung Brehms nicht nur bis zur Hauptstadt des Sudans führen, sondern den Weißen Nil hinauf bis hart an die Grenze von Uganda; dort sollte Aufenthalt genommen und das Erscheinen des Barons gegen Ende des Jahres erwartet werden. Gemeinsam wollte man dann versuchen, die Quellen des Nilstroms zu erkunden, und eine Reise nach der Westküste sollte das Unternehmen krönen. Man muß schon sagen: an Großartigkeit ließ der Plan von Müllers nichts zu wünschen. Schade nur, daß er ganz laienhaft war und — wenigstens in seinem zweiten Teile — nichts als Wichtigtuerei. Er versprach, für die Reise nach dem Äquator tüchtige Leute werben zu wollen, erbat sich aber vorerst von Brehm einen möglichst sorgsamen Kostenanschlag. Brehm stutzte zwar, als er die Briefe las, zweifelte aber nicht daran, daß der Baron imstande wäre, das Unternehmen auszuführen, hatte er ihm doch oft genug von seinem großen Vermögen erzählt und obendrein wiederholt versichert, daß er der Erforschung Afrikas sein Leben zu widmen beschlossen habe. Zudem hatte Müller den großen Plan mit allen seinen Einzelheiten an sichtbarer Stelle bereits enthüllt: im Sitzungsbericht der kaiserlichen Akademie der Wissenschaften vom April 1849. Das Heft lag seinem Briefe bei. Brehm, der die Schwierigkeiten der Reise zwar einsah, aber nicht fürchtete, ging frohen Muts an die Kostenaufstellung und kam nach reiflicher Überlegung auf fünftausendsechshundert preußische Taler (vierundachtzigtausend Piaster); der Ankauf einer brauchbaren Nilbarke war in die Summe mit eingerechnet. Er schickte den Kostenanschlag ab und harrte mit Spannung auf Geld und Gefährten. Lange, lange sollte er warten.

Den ersten freudigen Hoffnungsstrahl in diese Zeit der Ungewißheit warf Mitte August ein Brief aus der Heimat: Brehms Bruder Oskar schickte sich an zu einer Reise nach Afrika, um mit ins Innere zu ziehen. Und da das nur im Einverständnis mit dem Baron geschehen konnte, so lag die Erwartung nahe genug, daß jenes Schiff, das in wenigen Wochen den teuren Bruder bringen mußte, auch das geforderte Reisegeld, die erbetenen Waffen und Instrumente sowie die in Aussicht gestellten Gefährten aus der Heimat bringen würde. Mit doppeltem Eifer betrieb er von nun an die Vorbereitung der „Expedition", damit er spätestens Ende Oktober zum Aufbruch nach Süden gerüstet sei.

Die Freude, seinen geliebten Bruder und in ihm nach jahrelanger Trennung endlich ein Stück des Elternhauses, ein Stück der Heimat umarmen zu können, verzögerte sich bis Ende November. Sie war jedoch dafür um so größer, zumal sich außer dem Bruder Oskar ein Cöthener Freund an Bord befand, der Mediziner Dr. Vierthaler, gleichfalls entschlossen, die Forschungsreise ins innerste Afrika mitzumachen. Um diese große „Expedition des Freiherrn Dr. John Wilhelm von Müller" sah es freilich recht windig aus. Statt vierundachtzigtausend Piaster sandte der Edle dreißigtausend, und von den Waffen und Gerätschaften, die er Brehm verheißen hatte, schickte er nur einen kleinen Teil. Das Wichtigste fehlte, und das Übersandte zeugte von einer Nachlässigkeit, die trübe Aussichten in die Zukunft des Unternehmens eröffnete. Ganze dreißigtausend Piaster! Drei Fünftel der Summe verschlang die Anschaffung nur des dringendsten Reisebedarfs, und mit den restlichen zwei Fünfteln sollten Brehm und seine Gefährten ins Herz des schwarzen Erdteils ziehen! Es wäre mehr als nur sträflicher Leichtsinn, es wäre ein Verbrechen gewesen, mit derart unzulänglichen Mitteln die dreitausend Kilometer weite, beschwerliche Reise anzutreten.

Wieder ging ein Brief in die Heimat, und wieder hieß es untätig warten, bis der Baron sich bemüßigt fühlte, weitere Gelder flüssig zu machen. Der aber dachte zunächst nicht daran, konnte vermutlich auch nicht daran denken, weil seine Börse ebenso leer war, wie sein Mund großer Worte voll. Und weil er zu stolz war, das einzugestehen, setzte er sich auf das hohe Pferd und tat in seinem Antwortbriefe den „unumstößlichen Willen" kund, Brehm solle „ohne jeden Aufschub und ohne irgend etwas Weiteres aus Europa zu erwarten" die Fahrt nach dem Sudan unternehmen. Erst als er erfuhr, daß sein Wille allein die Reisenden nicht zu bewegen vermochte, ohne genügende Vorbereitung den sicheren Boden Ägyptens zu räumen, schickte er weitere fünfhundert Taler und fügte das Versprechen bei, er selbst werde bis zum 1. Juli bestimmt in der Hauptstadt des Sudans sein. Mit diesem Wort eines Ehrenmannes, das schwerer wog als die fünfhundert Taler, war nun die Möglichkeit gegeben, nach dem Süden aufzubrechen.

Gedankenvoll, mit gemischten Gefühlen trat Brehm in Gemeinschaft mit seinem Bruder, Dr. Vierthaler, Ali-Arha, zwei neugeworbenen deutschen Bedienten und einer Anzahl Nubier die zweite Sudanreise an. Ihm, der nun allen seinen Begleitern Führer, Vorbild, Berater sein sollte, ihm bangte davor, daß ein widriges Schicksal ihm dazu die Möglichkeit rauben könne. Wenn er dann freilich als Jäger und Forscher an den tropischen Urwald dachte, an die Genüsse, die ihm dort winkten, und an das überreiche Feld für neue, wertvolle Studien, dann fing das Blut des geborenen Forschers um so lebhafter an zu rumoren und mehr denn je wurde dann der Drang zum Wandern und Reisen in ihm wach. In unbekannte Länder ziehen, den Oberlauf des Weißen Nils, des geheimnisvollen, kennenzulernen und schließlich gar, wenn es möglich sein sollte, quer durch den dunklen Erdteil reisen — wie wenigen war solch Glück vergönnt! Er ahnte nicht, daß Baron von Müller weder selbst nach dem Sudan kommen noch je wieder Reisegeld an ihn senden, vielmehr ihn in dem höllischen Klima der bitteren Not überantworten würde; ahnte nicht, daß von all den Getreuen, die ihm mit hoffnungsfrohem Herzen auf unbekannten Wegen folgten, keiner zur Heimat zurückkehren sollte.

Zunächst ließ sich die neue Reise glücklich und vielverheißend an, der gute Stern jedoch blieb nicht treu. Schon Anfang Mai, als die Reisenden vor Antritt des Karawanenmarsches durch die uns bekannte Bajudawüste in Dongola freundliche Tage verlebten, brach wie ein Blitz aus heiterm Himmel der erste Schicksalsschlag herein, für Alfred Brehm der härteste in seinem ganzen bisherigen Leben: sein Bruder fand den Tod im Nil. Nicht in den reißenden Fluten des

Stromes, sondern in einer stillen Bucht gelegentlich eines gemeinsamen Bades. Des Schwimmens unkundig, war er vermutlich zu weit ins Wasser hineingewandert, hatte plötzlich den Grund verloren und war dann so schnell in die Tiefe geglitten, daß ihm nicht einmal Zeit verblieb, einen kurzen Hilferuf auszustoßen. Am Nachmittag des nächsten Tages

Das Grab des Bruders

wurde er in der Wüste bestattet, feierlich, unter lebhafter Teilnahme der Bevölkerung Dongolas, die außer aus Anhängern des Propheten aus Türken, Griechen und Kopten bestand. Der mohammedanische Gouverneur hatte ein Felsengrab herrichten lassen und sandte vom Bauplatz einer Moschee die nötige Anzahl gebrannter Steine, um damit die letzte Ruhestätte des Christen überwölben zu lassen. Diese unerwarteten Ehren, die man dem toten Bruder erwies, konnten den herben Schmerz zwar lindern, ihn auszulöschen vermochten sie nicht. Man kann sich vorstellen, welche Gefühle Brehm und seine Gefährten erfüllten, als sie am 29. Mai den Marsch durch die Wüstensteppe begannen. Wohl ihnen, daß die weite Bajuda zur Anspannung aller Kräfte zwang und keine Zeit zum Zurückblicken ließ.

Die Wanderung war beschwerlicher, als sie das vorige Mal gewesen. So glühend sandte die Wüstensonne ihre Strahlenpfeile herab, daß den Treibern im Wüstensande trotz ihrer Sandalen die Füße verbrannten und die ermatteten Kamele schon am sechsten und siebenten Tage unter den Reitern zusammenbrachen, obgleich sie inzwischen getränkt worden waren. Die ganze grauenvolle Qual eines Samums bei leeren Wasserschläuchen sollten die Reisenden kennenlernen, doch langten sie dennoch um Mitte Juni, vier Wochen nach dem unfrohen Abmarsch, wohlbehalten in Chartum an.

Dort hatten sich unter Latif Pascha, dem neuen Generalgouverneur der vereinigten Königreiche des Sudan, mancherlei Änderungen vollzogen. Mit eisernem Besen war die Hauptstadt von all dem Gesindel gesäubert worden, das ihre Straßen unsicher machte. Dem wüsten Treiben der Europäer, einer Gesellschaft von Gaunern und Schurken, in deren Augen der Sklavenhandel ein unschuldiges Gewerbe war, hatte der junge, energische Pascha einen Riegel vorgeschoben und gleichzeitig den Regierungsbeamten, die sich, statt auf Recht und Ordnung zu sehen, mit Ausbeutern und Betrügern verbanden, ihr heimliches Handwerk gründlich gelegt. All diesen aus ihrem dunklen Treiben jäh aufgestörten Elementen war Latif Pascha natürlich verhaßt, für Brehm war er neben den wenigen Freunden, die er als zuverlässig schätzte, bald der einzige Mann in Chartum, für den er ehrliche Achtung empfand. Er brannte darauf, ihn kennenzulernen, und hatte die Freude, bei seinem Besuche nicht nur freundlich empfangen zu werden, sondern im Laufe des langen Gespräches auch deutlich die Wahrnehmung machen zu können, daß der gestrenge Gouverneur ihm außerordentlich günstig gesinnt war. Früher, als er vermuten konnte, erfuhr er den Wert dieser hohen Gunst.

Die Geldmittel, die der Baron geschickt hatte, waren so gut wie aufgebraucht und neue vorläufig nicht zu erwarten. Im Gegenteil, die Briefe von Müllers, die Brehm in Chartum empfangen hatte, enthielten so schwere Beleidigungen, daß keine Möglichkeit mehr bestand, die Verbindung länger aufrechtzuerhalten. Kurzerhand hatte Brehm erwidert, er werde zwar bis Ende Juli, d. h. bis zur Ankunft des Barons, seine Funktionen weiter versehen, sich dann aber aller Verbindlichkeiten ihm gegenüber enthoben fühlen. Gleichzeitig forderte er ihn auf, das nötige Geld für die Heimfahrt zu senden. Mittellos sein im fremden Lande war gleichbedeutend mit tatenlos sein, dem Unerträglichsten, was er kannte; und dazu lag ihm die Aufgabe ob, für seine treuen Gefährten zu sorgen, die er aus Ägypten fortgeführt hatte. Die Lage fing an, höchst bedenklich zu werden, und diese Bedenklichkeit steigerte sich allmählich zu einer bitteren Not. Durch Zufall war es ihm zwar gelungen, bei einem türkischen Bekannten eine Anleihe aufzunehmen und damit die Möglichkeit zu gewinnen, mit einem Teil seiner Reisegenossen an den Blauen Nil zu gehen, doch reichte die unbedeutende Summe nur für wenige Wochen aus. Schwer beladen mit wertvoller Beute kehrten die Jäger nach Chartum zurück, Brehm selbst, den das Fieber wieder gepackt hatte, leider in so geschwächtem Zustand, daß er kaum noch imstande war, den Weg durch die Stadt zurückzulegen. Ungeachtet seiner Krankheit hatte er tage- und nächtelang auf feuchten Sandinseln ausgeharrt, nur weil sich der seltene Glücksfall bot, auf dem Zuge befindliche Jungfernkraniche seiner Sammlung einzuverleiben. Die Nachwehen dieser Fieberanfälle zwangen ihn für die nächsten Wochen, bis Mitte November, aufs Krankenlager, und da der Baron weder selbst erschien noch überhaupt von sich hören ließ, so stand in dieser schweren Zeit beständig die Sorge an seinem Bett. Alle Bemühungen, Geld zu beschaffen, waren hoffnungslos gescheitert; er mußte, so furchtbar der Ausweg war, zu Wucherern seine Zuflucht nehmen. Der größte Gauner im ganzen Sudan, der dank einem schwunghaft betriebenen Handel mit Sklaven und Elefantenzähnen ein ungeheures Vermögen besaß, hatte sich bereit erklärt, ein größeres Darlehen herzugeben. An ihn, an Nikola Ulivi, wandte sich Brehm in seiner Not. Begleitet von seinem treuen Ali, begab er sich in den vornehmen „Diwan" des Sklavenhändlers und Galgenvogels und trug ihm sein Ersuchen vor. Nikola war zu allem bereit. Er forderte fünf Prozent Monatszinsen und stellte die weitere Bedingung, daß Brehm für die Fahrt nach dem Blauen Nil, dessen Urwälder seine Sehnsucht waren, Nikolas Barke mieten solle, obgleich deren Mietpreis um mehr als die Hälfte das Landesübliche überschritt. Das war der Wucher in schlimmster Gestalt, und dennoch ging Brehm die Bedingungen ein, weil ihm kein anderer Ausweg blieb. „Ich sah unsern Untergang deutlich vor Augen; ich fühlte, daß eine ruchlose Hand mich tief in den Abgrund stürzen wollte. Trotzdem versprach ich, über die Summe einen Wechsel auszustellen." In diesem verzweifelten Augenblick kam ihm der rettende Umstand zu Hilfe, daß Nikola bei der Berechnung der Summe abermals einen Wuchergewinn von zwanzig Prozent zu ergaunern versuchte. „Da übermannte mich die Wut. Ich packte den Schurken an seinem Bart und prügelte mit der Nilpferdpeitsche so lange kräftig auf ihn ein, als ich den Arm noch rühren konnte, und das währte lange. Ali-Arha stand währenddessen mit der gespannten Pistole bereit, um dem nach Hilfe rufenden Gauner den Beistand der Diener abzuschneiden. Heute noch danke ich meinem Glück, daß sich der Arm als stark erwies."

Der Wucherer hatte, was ihm gebührte, Brehm selbst aber stand auf dem alten Fleck. Kein Geld zur Bezahlung des täglichen Brots, geschweige zur Deckung seiner Schulden, kein Geld, um den sehnlichsten seiner Wünsche, den Traum seines ganzen bisherigen Daseins lebendige Wirklichkeit werden zu lassen: den tropischen Urwald mit all seinem Zauber, mit all seinen Tier- und Pflanzenwundern nach Herzenslust durchstreifen zu können. Die Tage seines Aufenthalts in Afrika gingen dem Ende zu, mußten es, was auch kommen möge; das Klima im Sudan taugte ihm nicht. Sollte er endgültig Abschied nehmen, ohne den Urwald erlebt zu haben? Da kam ihm der glückliche Gedanke, dem Pascha seine Not zu schildern und ihn um Hilfe anzugehen. Und dieser Weg führte endlich ans Ziel. Mit wahrhaft königlicher Großmut wies der Gouverneur des Sudans den Schatzmeister der Regierung an, Chalihl-Effendi auf vier Monate zinsenlos die beträchtliche Summe von fünftausend Piastern vorzustrecken. „Sollte der Herr nach Verlauf der Frist das Geld noch nicht zurückzahlen können, so sendet uns seinen Empfangsschein zu und rechnet uns die entliehene Summe auf unsere Apanagen an; wir werden dann das Weitere veranlassen." So war nun der Weg nach den Urwäldern frei.

Die fünfzehn Wochen lange Reise, die sich über Sennar und Rosseires fast bis nach Abessinien ausdehnte, stellte alles Erträumte in Schatten. Bis an das Ende seiner Tage pries Brehm sie als das schönste Erlebnis, das ihm das

Schicksal beschieden habe, und allüberall in seinen Werken stößt man auf kleine Erinnerungsbilder aus dieser Glückszeit am Blauen Nil. Kein Unfall trübte die lange Fahrt. Kein

Inkakadus
Holzschnittzeichnung von Robert Kretschmer

Fieber verdarb die Jägerfreuden und störte die liebevolle Versenkung ins unbeschreiblich mannigfache, fortwährend wechselnde Leben des Urwalds. Rund vierzehnhundert

Vogelbälge, vom Riesenstorch bis zum kleinsten Sänger, waren die greifbare Beute der Reise, und wieviel reicher noch war der Schatz an unverlierbaren Forschereindrücken, erlebter, erschauter Naturwissenschaft. Zum erstenmal sah er Antilopen, Elefanten und wilde Büffel in ganzen Herden zur Tränke ziehen, zum erstenmal plündernde Meerkatzenbanden, deren tolles, listiges Leben und Treiben er später so köstlich geschildert hat. Allnächtlich vernahm man Löwengebrüll, zuweilen ganz in der Nähe des Lagers, hörte das Grunzen des Leoparden, das klägliche Heulen des hungrigen Schakals oder das schaurige, gelle Gelächter des „Marafil", der gefleckten Hyäne. Am Stromufer sonnten sich Krokodile, und aus den Wassern des Flusses selbst blinzelten Nilpferdaugen hervor, so gleichgültig auf den Beobachter schauend, als seien die zugehörigen Riesen fleischgewordene Harmlosigkeit. Kurzum — so viel und vielerlei ihm Afrika geboten hatte, die Reise durch die tropischen Wälder bildete den Höhepunkt. Sie sollte auch der Glanzpunkt bleiben.

Beinahe das erste, was er erfuhr, nachdem er, immer noch freudig bewegt, seine reichen Schätze geordnet hatte, das war die niederschmetternde Nachricht: Baron von Müller sei bankrott. Wohl war ihm schon oft die Befürchtung gekommen, daß dergleichen einmal eintreten könnte, stets aber hatte er sich gesträubt, seine Ahnung als Tatsache hinzunehmen. Jetzt war die letzte Hoffnung dahin. Verraten im Innern Afrikas, dreitausend Kilometer weit von seiner Thüringer Heimat entfernt. Das war das Los, das Baron von Müller seinen Getreuen bereitet hatte. Die Lage wurde nun immer verzwickter. Er konnte die Diener nicht entlassen, weil er zu arm war, den wackeren Kerlen den schuldigen Lohnbetrag auszuzahlen, und weil er nur mit ihrer Hilfe die Sammlungen noch vergrößern konnte. „Ich arbeitete ununterbrochen," heißt es in seinem Reisebericht, „denn einmal konnte ich nur durch Arbeit meine Lage erträglicher machen, und zweitens ließen mich die Genüsse, die mir Natur und Tierwelt boten, das dauernde häusliche Elend vergessen. Die Ausgaben für die Sammlungen gingen allen übrigen vor. Ich vertauschte meine silberne Taschenuhr gegen acht Pfund Schießpulver, ich verkaufte Kleider, Waffen, Bücher, Kisten, Wäsche, den wenigen Schmuck, den ich besaß. Ich verkaufte alles, was ich entbehren konnte. Und wurde mir wirklich das Herz einmal kummerschwer, dann ging ich, das Gewehr über der Schulter, hinaus ins Freie, um mich zu kräftigen. Die Jagd war mir Trost und Erholung. Ich fühlte meine Verlassenheit weniger, als ich geglaubt hatte, denn immer noch waren mir Freunde geblieben; sogar ein neuer, treuer, redlicher war hinzugekommen: Bauerhorst, ein deutscher Kaufmann, der in St. Petersburg ansässig war. Leiblich und geistig stützte er mich.... Wahrlich, ich hätte nicht klagen sollen. Ich hatte bei all meiner Armut doch noch viel, sehr viel. Ich hatte Gottes Sonne und seine hochheilige Natur, ich hatte in meinem Hofe eine eigene kleine Welt. Wieviel Vergnügen bereiteten mir meine zahmen Ibisse und die anderen großen Tiere; wie schmeichelten mir die Affen, wie liebkoste mich Bachida, meine zahme Löwin! Aber freilich, Geld hatte ich nicht. Oft, allzuoft mußte ich fragen: Herr, was werden wir morgen essen? Häufig ging ich in den Diwan Bauerhorsts, um mir die trüben Gedanken aus dem Sinn zu schlagen, oder ich spielte stundenlang mit Bachida. Sie folgte mir wie ein Hund auf dem Fuße, teilte des Nachts das Lager mit mir und betrug sich sehr artig. Durch diese Löwin lernte ich, daß Tiere menschlichen Umgang ersetzen können."

So ging der Sommer einförmig hin, mit vielen, vielen

schlechten Tagen und manchen eingestreuten guten, denn auch das unheilvolle Fieber nahm wieder öfter und öfter Besitz von dem durch den langen Aufenthalt im Sudan geschwächten Körper Brehms. Da bot sich eine Gelegenheit, dem tückischen Klima zu entfliehen. Bauerhorst rüstete sich zum Abschied und machte dem Freunde das Anerbieten, ihn selbst und seine riesigen Sammlungen, die ganze Berge von Kisten füllten, auf seiner Barke mitzunehmen und außerdem sämtliche Reisekosten bis Kairo für ihn vorzustrecken, ein Angebot, wie es zum zweiten Male sicher nicht wiederkehren würde. Wie aber konnte er fort aus Chartum, ohne die drückenden Verpflichtungen gegen den Gouverneur des Sudans und andere Gönner erfüllt zu haben? Würde der Pascha ihn ziehen lassen? Wiederum suchte er ihn auf, und abermals zeigte Latif Pascha, daß Herrschsucht, Strenge und Edelmut eng beieinander wohnen können. Er stundete Brehm nicht nur die Schuld, sondern drängte ihm nochmals fünftausend Piaster zur Deckung der Reisekosten auf. Glückstrahlend wurde Mitte August nach einer gebührenden Abschiedsfeier die Fahrt nach Kairo angetreten. Dr. Vierthaler blieb in Chartum zurück, erlag aber schon im nächsten Sommer einem heftigen Fieberanfall.

Den Winter verbrachte Brehm in Ägypten, von wo aus er seine Verbindlichkeiten mit Hilfe befreundeter Christen löste. Er wagte nicht, seinen zerrütteten Körper dem Klimawechsel preiszugeben. Nachdem er, prachtvoll erholt und gestärkt, in Gesellschaft Theodor v. Heuglins, des nachmals berühmten Afrikaforschers, noch einen erfolgreichen Studienausflug ans Rote Meer unternommen hatte, trat er im März 1852 mit seinen toten und lebenden Tieren, zu denen außer der Löwin Bachida noch eine für den Berliner Zoo bestimmte Bestiensammlung gehörte, die Seereise nach der Heimat an.

Der achtzehnjährige Jüngling, der am 6. Juli 1847 das Schiff im Triester Hafen bestieg und sorglos, nur der Stunde lebend, dem schwarzen Erdteil entgegenfuhr, kehrte am 16. Juli 1852 als reifer Mann ins Elternhaus heim.

„Was nun?" Die Frage war bald entschieden. Wie Darwin nach seiner Erdumseglung dem Theologenberuf entsagte, so war auch für Brehm nach der Afrikareise das Baufach für alle Zeit abgetan. Man lebt nicht fünf Jahre lang nur der Tierwelt und zieht nicht einzig um ihretwillen unter Gefahr seines eigenen Lebens durch Steppe, Wüste und Urwalddickicht, um später geruhsam Häuser zu bauen. Zu fest war der Freundschaftsbund geknüpft, der ihn mit Natur und Tierwelt verband, als daß er sich wieder lösen ließ. Er widmete sich in Jena und Wien (1853—1856) dem Studium der Naturwissenschaft, vor allem natürlich der Zoologie, um ähnlich wie Johann Friedrich Naumann, der damals berühmteste Ornithologe (gestorben 1857), das geistige Erbe des Vaters zu mehren. Obgleich gegenüber den Kommilitonen mit seinen vierundzwanzig Jahren bereits ein „stark bemoostes" Haupt, zog ihn in Jena, dem „närrischen Nest", das frischfrei-frohe Studentenleben doch derart unwiderstehlich an, daß er bei den „Saxonen" eintrat und völlig im Strom mit den Fröhlichen schwamm. Der Nimbus, der ihn als „Afrikaner", Bezwinger sämtlicher Nilkatarakte, Führer von Wüstenkarawanen und Jäger auf Flußpferde, Krokodile und andere Bestien umgab, verlieh ihm im Kreise der Genossen von vornherein ein gewaltiges Ansehen, zumal er ein ungewöhnlich beredter und fesselnder Reiseschilderer war. Noch mehr als Kneipe und Kommersbuch zog ihn jedoch die Wissenschaft an, daneben schon damals die Schriftstellerei. Wie haushälterisch er die Zeit benutzte, bezeugen die während der Jenaer Jahre an Hand seines Tagebuchs niedergeschriebe-

1856 als Student in Wien

nen „Reiseskizzen aus Afrika" (3 Bände, Jena 1855; gekürzte Ausgabe unter dem Titel „Kreuz und quer durch Nordostafrika" bei Reclam), das allerpersönlichste seiner Werke, das heute noch eigene Reize besitzt. Von Abenteuern, Naturgemälden, Jagderlebnissen reich durchsetzt, ist es zugleich ethnologisch wertvoll durch die auf jahrelanger Beobachtung fußende Zeichnung von Land und Leuten, wieviel von diesen Schilderungen auch nur noch historisch zu werten sein mag. Auf dem Titel der zweiten Auflage darf sich der Verfasser bereits als Doktor der Philosophie bezeichnen sowie als „Mitglied der kaiserlich leopoldinisch-karolinischen Akademie der Naturforscher und anderer gelehrter Gesellschaften". So war er nun auch äußerlich als zünftiger Forscher und Fachmann beglaubigt, ohne freilich so recht zu wissen, mit welchem Kurs und zu welchem Ziel er sein Lebensschifflein steuern sollte.

Als Jenenser Saxone

Zunächst warf er Bücher und Feder beiseite, die ihn nach dem ungebundenen Leben in Afrikas farbiger Wunderwelt zu lange schon an den Schreibtisch gefesselt, zu lange in ihm schon die brennende Sehnsucht nach Jagdstreifereien bezwungen hatten, und trat eine Reise nach Spanien an. Denn dort, in Madrid, lebte Reinhold Brehm, seines Zeichens praktischer Arzt, im Nebenberuf wie der jüngere Bruder eifriger Jäger und Tierbeobachter — der erste, der um der Wissenschaft willen den Horst eines Lämmergeiers erstieg. Monatelang durchstreiften die Brüder den Süden des reichgesegneten Landes, vom Felsen von Gibraltar an, dem letzten Asyl europäischer Affen, bis weit über Murcia hinaus, schwelgten in Andalusien in den tropischen, palmenbestandenen Gärten, die Brehm an Oasen erinnerten, erklommen die romantischen Höhen der schneebedeckten Sierra Nevada, um wochenlang mit Ziegenhirten, gelegentlich auch mit Schmugglern und Räubern am selben Lagerfeuer zu sitzen, schweiften, die Büchse über der Schulter, durch alle Wälder der Küstengebiete, kurz führten ein Wander- und Jägerleben, das ebenso reich an Abenteuern wie an wertvollen Tierstudien war. Die Renthendorfer Vogelsammlung des alten Christian Ludwig Brehm erfuhr einen ungeahnten Zuwachs, besonders durch seltene Raubvogelarten. In Murcia lernte unser Forscher zum erstenmal die entsetzliche Roheit der spanischen Stiergefechte kennen, den „Tummelplatz scheußlichster Barbarei", wie es in seiner Schilderung heißt, „der nichtswürdigsten Verhöhnung dessen, was in uns Menschen an Menschlichem lebt".

Mit reichen Eindrücken kehrte er heim, mit einer Fülle von Notizen über Erschautes und Erlebtes, das völlig von dem verschieden war, was Afrika ihm geboten hatte. Zu seinen früheren Tagebüchern, aus deren unerschöpflichem Inhalt die „Reiseskizzen" nur einen Teil, einen winzigen Teil in sich aufnehmen konnten, waren neue hinzugekommen, und diese Fülle der „Gesichte", der Tiererlebnisse, Tierbeobachtungen drängte von neuem zur Schriftstellerei. Bis dahin hatte er sich begnügt, in ähnlicher Weise wie sein Vater für ornithologische Fachzeitschriften literarisch tätig zu sein, jetzt schwebte ihm der Gedanke vor, schriftstellerisch in die Weite zu wirken, d. h. sein Wissen und sein Erleben in möglichst populärer Form vor allen Gebildeten auszubreiten, wie es in Leipzig mit größtem Erfolge Emil Adolph Roßmäßler tat. Dieser vortreffliche Volksschriftsteller, ehedem bewährter Professor an der Tharandter Forsthochschule, war Brehm nicht nur Vorbild und Ideal, er gab ihm auch Anlaß, seinen Wohnsitz nach der Messestadt zu verlegen, und wurde ihm dort ein treuer Berater und wahrhaft väterlicher Freund. Dank seiner Anregung warf sich Brehm mit Eifer auf die Schriftstellerei, für die ihm — wieder durch Roßmäßlers Zutun — ein wirksamer Förderer erstand. Ernst Keil, der kluge Begründer und Leiter der damals ungeheuer verbreiteten und beliebten „Gartenlaube", begrüßte den jungen Afrikaforscher und federgewandten Zoologen mit offenen Armen als Mitarbeiter, druckte Aufsatz um Aufsatz von ihm und sorgte so ebenso für seine Zeitschrift wie für das Bekanntwerden Alfred Brehms. Freilich, was dieser Autor erzählte, stach von dem übrigen Text des Blattes nach Form und Inhalt so auffällig ab, daß selbst der philisterhafteste Leser sofort nach seiner Brille griff, wenn etwas von Brehm im Hefte stand. Hier war ein Naturforscher, der die Bestien nicht nur durchs Gitter beobachtet hatte, sondern der selber bei ihnen war in ihrer afrikanischen Wildnis; einer, dem Elefanten und Löwen, Hyänen und Wölfe am Weihnachtsabend das „Hosianna" gesungen hatten, als er mit seinen braunen Gefährten im Urwald am lodernden Feuer saß und von der fernen Heimat träumte; einer, der mit genauer Not der fürchterlichen Gefahr entging, von einer wütenden Nilpferdmutter lebendigen Leibes zertrampelt zu werden, und andrerseits mit einer Löwin auf so vertrautem Fuße stand, daß er ihr einmal am Ufer des Nils ein unversehens geraubtes Lamm, ein andermal einen Negerbuben aus Rachen und Pranken zu reißen vermochte. All das und ähnliche Abenteuer schilderte er den erstaunten Lesern mit nie erlebter Anschaulichkeit und führte sich damit so glänzend ein, daß sein Name in aller Munde war.

So wertvoll war seine Mitarbeit für das Blühen und Wachsen der Wochenschrift, daß Keil sich sogar bereitfinden ließ, für eine neue Forschungsreise nach Lappland und den lofotischen Inseln die nötigen Mittel herzugeben. Brehm plante ein größeres Vogelwerk, das nicht das Leben der einzelnen Arten, sondern das der Gesamtheit der Vögel zusammenhängend schildern sollte, und dazu fehlte ihm noch die Kenntnis des häuslichen und geselligen Treibens der Möwen, Alken, Lummen und Scharben in ihren nordischen Brutsiedelungen. Wie gut er auch auf dieser Reise wieder zu beobachten wußte, bewies nicht nur das stattliche Buch, das 1861 unter dem Titel „Das Leben der Vögel" auf dem Büchermarkt erschien (gekürzte Ausgabe 1921 bei Reclam), das zeigten auch später die Vogelbände seines umfassenden Tierleben-Werks.

So groß jedoch der Erfolg seiner Aufsätze und des „Lebens der Vögel" war, der Ertrag seiner eifrigen Schriftstellerei genügte doch bei weitem nicht zur Erfüllung seines sehnlichsten Wunsches, zur Gründung eines eigenen Heims. Um seiner Braut Mathilde Reiz, die ihn wie wenige verstand, ihn geistig beflügelte und ergänzte und an seinen Arbeiten und Erfolgen mit ganzer Seele Anteil nahm, eine sichere Zukunft verbürgen zu können, mußte er feste Einnahmen haben. Buch- und Zeitschriftenhonorare waren ein allzu schwankender Grund, als daß sich ein Haus darauf bauen ließe. So griff er mit wahrer Freude zu, als ihm die Stellung eines Lehrers der Geographie und Naturwissenschaften an Rudolf Zilles Gymnasium in Leipzig angetragen wurde, brauchte doch deshalb die Schriftstellerei durchaus nicht aufgegeben zu werden. Sie wurde im Gegenteil neben dem Glück der bald geschlossenen jungen Ehe mit doppeltem Eifer fortgeführt, denn außer zahlreichen Schilderungen in Roßmäßlers Zeitschrift „Aus der Heimat", in Keils beliebter „Gartenlaube" und mancherlei ornithologischen Blättern erschien bald ein neues größeres Werk, auf dessen Titel die beiden Namen Brehm und Roßmäßler sich verbanden: „Die

Seine Lebensgefährtin
Mathilde Brehm geb. Reiz

Tiere des Waldes", zwei starke Bände, deren ersten, die Wirbeltiere, ausschließlich Brehm zum Verfasser hatte, während den zweiten, die Wirbellosen, der treffliche Roßmäßler lieferte. Es war die letzte größere Leistung in dessen arbeitsreichem Leben; bald nach der Vollendung des Manuskriptes, am 8. April 1867, riß ihn ein früher Tod hinweg.

Inzwischen fiel Brehm zu all dem Gewinn, den ihm der Aufenthalt in Leipzig seit der Verbindung mit Ernst Keil bis zu dem jungfrischen Glück seiner Ehe in reichem Maße eingetragen, ein neues Heilsgeschenk in den Schoß (1862), das er in seinen kühnsten Träumen nicht für denkbar gehalten hätte: das Glück einer neuen Afrikareise ins Land der nordabessinischen Bogos, das heute Erythräa heißt. Ernst II. von Koburg-Gotha wollte ein Stück des schwarzen Erdteils und seiner Wildnis kennenlernen, und dazu erschien ihm das leicht erreichbare, weil direkt am Roten Meer gelegene Bogosgebiet gerade recht. Die Völkerstämme, die dort wohnten, besaßen eine gewisse Kultur, und die Landschaft, in allem echt afrikanisch, bot die erwünschte Gelegenheit zu abwechslungsreichen Naturstudien und interessanter Großwildjagd. Brehm, den der Aufenthalt im Sudan und die dort erworbene Sprachenkenntnis besonders geeignet erscheinen ließ, passende Standorte zu erkunden, sollte Führer und Dolmetsch sein, und da der Herzog mit seiner Gemahlin und großem Gefolge reisen wollte, so wurde auch unserm begeisterten Forscher der sehr berechtigte Wunsch gewährt, sich von der Gattin begleiten zu lassen.

Für den Herzog und sein Gefolge verlief die Reise durchaus nach Wunsch, für Brehm dagegen ließ sie leider die Blütenträume nur teilweise reifen. Glückselig war er am 6. März nach Massaua vorausgereist, erfreut, bis zur Ankunft der Fürstlichkeiten das wildreiche Land, die bevorzugte Heimat der großen Mantelpaviane, in aller Ruhe durchstreifen zu können, doch blieben ihm nach Erledigung der verantwortungsvollen Quartiermacherpflichten nur knapp zwei Wochen Zeit dazu, die Hälfte dessen, womit er gerechnet.

Nicht lange nach der Ankunft des Herzogs und der übrigen Reisegesellschaft traf ihn zudem das Mißgeschick, erneut von seinem alten Feinde, dem Klimafieber, überfallen und da-

Vor der Reise nach Habesch

durch wiederum tagelang zur Untätigkeit gezwungen zu werden. Dennoch — wenn wir seinen Bericht „Ergeb nisse einer Reise nach Habesch" (Hamburg 1863), der keineswegs nur ein schmales Heft, sondern ein stattliches

Buch darstellt, mit einiger Anteilnahme durchfliegen, setzt uns der Reichtum des Erlebens, die Fülle des im Eilzugtempo mit raschen Blicken, Naturforscherblicken Errafften, Erfaßten und Bewahrten geradezu in Verwunderung. Was die Samhara, der Wüstenstreifen zwischen Meer und Hochgebirge, ihm in der kurzen Zeit geschenkt hat (der Aufenthalt der Fürstlichkeiten währte im ganzen nur etwa sechs Wochen), war Lohn und Entschädigung genug für Reisestrapazen und Klimatücke. Neben seinem Reisebuche ist sein „Tierleben" Bürge dafür.

Sein „Tierleben". Noch war es nicht geschrieben. Sechs Jahre sollten noch verstreichen, bis es in seiner ersten Auflage wie sein vielgereister Verfasser für sich eine Fahrt in die Welt begann. Trügen jedoch nicht alle Zeichen, so war der Plan für das große Werk wenn nicht schon während, so doch im Anschluß an die Tage im Bogoslande im Kopfe Alfred Brehms gereift. „In neueren tierkundlichen Werken," so lautet ein Satz in dem Reisebericht, „wird sonderbarerweise das Leben der Tiere kaum berücksichtigt. Man begnügt sich mit genauen Beschreibungen des Leibes und richtet weitaus die größte Aufmerksamkeit auf dessen Zergliederung. Gewöhnlich erhalten wir nur über das Vorkommen eines Tieres die dürftigsten Nachrichten, während über die Lebensweise, über Sitten, Gewohnheiten, Nahrung das allertiefste Stillschweigen herrscht." Fast wörtlich, nur weiter ausgebaut, kehrt dieser Satz in dem späteren Vorwort zur ersten Tierleben-Ausgabe wieder. Sei es indessen, wie es will, Tatsache bleibt, daß Alfred Brehm bald nach Erscheinen der „Habesch-Reise" mit Hermann J. Meyer, dem Eigentümer des Bibliographischen Instituts (das damals noch nicht seinen Sitz in Leipzig, sondern in Hildburghausen hatte), den Plan seines großen Werkes besprach. Denn noch vor

Ablauf des gleichen Jahres kamen die ersten Lieferungen der neuen und neuartig aufgezogenen Lebenskunde des Tierreichs heraus.

Dieses groß angelegte Werk, das „Illustriertes Tierleben" hieß, war als ein echtes Volksbuch gedacht, und da sein Verfasser, der Forscher und Jäger, der Kenner der Tiere und Freund der Tiere, zugleich ein Meister der Feder war, so wurde auch ein Volksbuch daraus. Uns Deutschen ist es das Tierbuch schlechthin, die meisterliche Naturgeschichte, die Hunderttausenden von Lesern nicht nur reiche Belehrung gespendet und den Naturgenuß vertieft, sondern sie durch ihre schöne Sprache und ihre lebendigen Tierschilderungen auch gut unterhalten, gepackt und erbaut hat. Noch nie war einer Naturgeschichte gleich dauernder großer Erfolg beschieden wie diesem vortrefflichen Tierwerke Brehms. Man fühlte, daß hinter den Schilderungen eine starke Persönlichkeit stand, von der ein besonderer Zauber ausging, ein Mann, der den nackten Tatsacheninhalt mit seinem eigenen Geist erfüllte und der vor allem die Tiere selbst bedeutend schärfer beobachtet hatte, als seinen Vorgängern möglich gewesen. Er schilderte nicht nur Lebensgewohnheiten und Ernährungsweise der Tiere, Liebes- und Familienleben, Kunstfertigkeiten und Wanderungen mit nie erlebter Ausführlichkeit und herrlicher Begeisterung, er suchte, zumal bei den höheren Tieren, auch psychische Kräfte aufzuspüren, soweit ihr Verhalten unter sich, zu anderen Tieren und dem Menschen nach seiner Meinung Schlüsse zuließ. Mochte er oft auch daneben deuten, indem er die Zweckmäßigkeit ihres Handelns anstatt als angeborenen Trieb oder einfachen Assoziationsvorgang als Überlegung und Schlußvermögen, kurz als verstandesmäßiges Denken, als Intelligenz zu deuten suchte, auf jeden Fall war der Tierleben-

Inhalt, wo immer man die Bände aufschlug, ungewöhnlich reizvoll und fesselnd. Gewiß nicht zuletzt um der Einblicke willen, die er in die Seele der Tiere tun ließ. Alle Bekrittlung der großen Leistung, besonders der unberechtigte Vorwurf, Brehm sei das Ur- und Musterbild der kritiklos das Tier überschätzenden Forscher, indem er „aus Tieren Menschen machte" (später machte man aus den Tieren zur Abwechslung bloße „Reflexautomaten"), hat auch nicht einen Augenblick den Siegeslauf des bedeutsamen Werkes durch die Kulturwelt aufhalten können.

Wahrlich, wenn je ein Tierlebenforscher volle Berechtigung dazu hatte, solch ein Werk herauszugeben, so war es Alfred Edmund Brehm. Seit frühester Jugend vom kundigen Vater zur Tierbeobachtung angeleitet, vom Glück mit der Möglichkeit beschenkt, ein halbes Jahrzehnt in Afrika, in ständig wechselnder Umgebung, ein Jäger- und Wanderleben zu führen, um schließlich in Spanien und im Nordland erfolgreich die Forschungen fortzusetzen — wo war einer, der die gleiche Schulung zum Tierlebenschilderer aufweisen konnte? Mochte die erste Tierleben-Ausgabe (1869) menschliche Schwächen und Mängel zeigen, die niemand klarer und kritischer sah als der, der sie selbst geschaffen hatte — die zweite, die zehn Jahre später erschien, fast auf den doppelten Umfang erweitert, war wirklich d a s tierkundliche Werk, das nirgendwo seinesgleichen hatte, die klassische Naturgeschichte, die in dem verflossenen halben Jahrhundert nach Anlage, Inhalt und Eigenart nicht überboten worden ist. Denn ehe die zweite verbesserte Auflage für den Verfasser brennend wurde, boten sich reiche Gelegenheiten, seinen Kenntnissen und Erfahrungen auf dem Gebiet der Tierlebenkunde wertvolle neue hinzuzugesellen.

Schon 1863, während er an den Säugetierbänden der ersten

Tierleben-Ausgabe schrieb, wurde ihm von Hamburg aus das ehrende Anerbieten gemacht, Direktor des dortigen Zoo zu werden. Es seien die nötigen Mittel verfügbar, den Garten zeitgemäß umzugestalten und ihn durch Vermehrung des Tierbestandes zu einem der ersten Europas zu machen. Brehm hätte nicht — Brehm gewesen sein müssen, wenn er

Aus dem Hamburger Zoo
Zeitgenössische Darstellung von J. F. Zimmermann

dem verlockenden Angebot, das ihm den täglichen Umgang mit Tieren und unabsehbare Möglichkeiten zu neuen Studien verhieß, hätte zu widerstehen vermocht. Er nahm den Ruf nach der Hansestadt an, stürzte sich mit wahrer Inbrunst auf die Neueinrichtung des Gartens, sorgte für die Vervollständigung der lückenhaften Tiergesellschaft und neue, seltene Anziehungsnummern, um die Besucherzahl zu heben, und führte durch Eifer und Sachverständnis die arg heruntergekommene Anstalt zu ungeahnter Blüte empor. Anstatt jedoch Dank dafür zu zollen, machte man ihm sein Wirken schwer. Der Aufsichtsrat mit dem schönen Titel „Zoologische Gesellschaft" wälzte ihm Stein um Stein in den Weg, durchkreuzte, durch Sachkenntnis unbehindert, seine aussichtsreichsten Pläne, z. B. die vielversprechende Anlage eines mächtigen Vogelfelsens mit ganzen Scharen von Wasservögeln, kurz zeigte deutlich das Bestreben, den kenntnisreichen Direktor und Forscher zum Angestellten herabzudrücken. Brehm aber war nicht dazu geschaffen, ein williges Werkzeug von Leuten zu sein, die zweifellos sehr „schwerwiegend" waren, sicher auch tüchtig in ihrem Beruf, die aber doch ihr Gewicht überschätzten, wenn sie sich jenseits des Horizonts ihrer Einsicht und Urteilsfähigkeit für zuständig oder gar maßgebend hielten. Das Leben hatte ihn nicht gelehrt, den Nacken vor Widerständen zu beugen; er kämpfte, auch wenn er der Schwächere war. Im dritten Jahr seiner Tätigkeit kam es zum unheilvollen Bruch.

Nicht viel anders verliefen die Dinge beim Berliner Aquarium, zu dessen Begründung und späterer Leitung er sich trotz aller üblen Erfahrung bald danach bereitfinden ließ. Wieder erstand unter seinen Händen, diesmal aus dem Nichts heraus, eine Musteranlage großen Stils, die auf die Bewohner der Reichshauptstadt und die Berlin durchflutenden Fremden um so größere Zugkraft übte, als neben dem Grundstock des Unternehmens, den buntbevölkerten Wassertierbecken, noch andere, ständig wechselnde Glanzstücke, Menschenaffen und seltene Vögel, die Schaulust der Besucher stärkten. Es gab kein zweites Aquarium, das sich an Vorbildlichkeit der Einrichtung und an Reichtum des Tierbestandes mit dem Berliner messen konnte, und vollbegründet war der Weltruf, den die Brehmsche Schöpfung genoß.

Zum reinen Genuß seiner großen Erfolge gelangte er aber auch diesmal nicht. Wieder kam es zu Reibereien mit der Verwaltung des Unternehmens, die sich von Jahr zu Jahr verstärkten, und wieder führte die Selbstsicherheit, die in der Natur unseres Forschers lag und es ihm völlig unmöglich machte, lediglich äußeren Friedens halber seine Überzeugung zu opfern, die Trennung von seinem Werke herbei. Als er

Das Vogelhaus und Süßwasserbecken im Berliner Aquarium
Nach einer Originalzeichnung von E. Schmidt 1869

im Frühjahr 1874 sein Amt als Direktor niederlegte, war er seelisch und körperlich krank, und gar nicht weit war es damals davon, daß eine schwere Gehirnentzündung, von der er sich nur langsam erholte, seinen Erfolgen und Zukunftsplänen ein vorschnelles Ende bereitet hätte. Ein rundes halbes Jahr verging, bevor er so weit wieder hergestellt war, um frohen Muts und mit alter Kraft die Schriftstellerei neu beginnen zu können — von nun an als ein freier Mann.

Schon 1872 erschien der erste starke Band seines Hand- und Lehrbuchs „Gefangene Vögel", bestimmt, der Stubenvogelpflege neue Freunde zuzuführen und damit zugleich für die freien Vögel größere Anteilnahme zu wecken, bestimmt aber auch, die Liebhaberei aus der Unsachgemäßheit herauszuführen und ihre Jünger zu einem Hilfstrupp der ernsten Vogelforschung zu machen. Jetzt wurde mit Hochdruck der zweite Band des mit Freuden begrüßten Werkes vollendet, denn näher und näher rückte der Zeitpunkt, von dem ab die zweite Tierleben-Ausgabe alle Kräfte in Anspruch nahm. Das riesige neue Material an eigener, wertvoller Tierbeobachtung, das Zoo und Aquarium im letzten Jahrzehnt geliefert hatten, und das noch größere, aus der gesamten Buch- und Zeitschriftenliteratur gewissenhaft herausgeklaubte wollte gesichtet, verarbeitet sein. Wenn er auch, wie bei der ersten Auflage, nur die fünf Klassen der Wirbeltiere, beginnend bei dem stolzen Gorilla und mit den simplen Neunaugen schließend, in neuer Gestalt zu liefern hatte, weil die Insekten bei Taschenberg, dem berühmten Hallischen Entomologen, und die Gesamtheit der niederen Tierwelt bei Oskar Schmidt, seinem einstigen Lehrer während der Jenaer Studienjahre, vortrefflich aufgehoben waren, der Löwenanteil fiel doch auf ihn: von zehn dicken Bänden ganze acht.

Gleichwohl trieb ihn (1876), ehe diese Riesenarbeit zu einem Abschluß gebracht worden war, der Reise- und Forscherdrang nochmals hinaus in ferne, wenig bekannte Länder, diesmal in die Steppen und Tundren des menschenarmen Sibirien. Die Einladung kam von Otto Finsch, Direktor des Naturhistorisch-ethnologischen Museums in Bremen, mit dem ihn seit langem Freundschaft verband, die Mittel hatten ein Bremer Verein und ein vermögender Privatmann, der in Irkutsk ansässig war, großzügig zur Verfügung gestellt. Ein

Mpungu, der erste Gorilla, den Brehm 1870 im alten Berliner Aquarium zeigte. Nach einer zeitgenössischen Darstellung

württembergischer Offizier, der zugleich Botaniker war, schloß sich auf eigene Kosten an.

Bis Nishnij Nowgorod wurde die Reise, die rund neun Monate dauern sollte, mit der Bahn zurückgelegt, von da ab waren Schlitten und Wagen die einzigen Beförderungsmittel, um Tausend und aber Tausend von Wersten auf schlechten Wegen zu durchmessen, bei Tag wie bei Nacht, im Winter bei Schneesturm, zur Sommerszeit bei stäubender Dürre. Nur auf den Flüssen, soweit sie der Winter nicht mit Eis überzogen hatte, ersetzte das bequemere Dampfschiff die landesübliche Reiseart. „Auf der kristallenen Decke der Wolga begannen wir am 19. März unsere Fahrt. Tauwetter hatte uns von Deutschland nach Rußland begleitet, Tauwetter aus Petersburg und Moskau vertrieben; Tauwetter blieb unser ständiger Gefährte, als wären wir Boten des Frühlings. Die Straße der Tränen, auf der alljährlich Verbannte nach Sibirien zogen, wurde auch uns zur Seufzerstraße. Meterhoch lag der Schnee; rechts und links rannen Bächlein, wo immer sie rinnen und rauschen konnten. In beklagenswerter Weise quälten sich die in langer Reihe voreinander gespannten Pferde, um festen Fuß zu fassen; sprungweise versuchten sie die Spuren der vorausgegangenen zu erreichen, und bis an die Brust sanken sie bei jedem Fehlsprung in den Schnee, ins eisige Wasser. Hinterher polterte der Schlitten, in allen Fugen krachend, wenn er mit jähem Sprung aus der Höhe herab in die Tiefe geschleudert wurde. Stundenlang blieb er zuweilen in einem Loche sitzen, und beinahe wehmütig klagte das wölfescheuchende Glöcklein im Krummholz des Pferdegespanns. Vergeblich bat und beschwor, schrie und brüllte, fluchte und peitschte der Kutscher; in den meisten Fällen gelang es erst durch fremde Hilfe, wieder flott zu werden. Qualvoll dehnten sich die Stunden, zu vier- und fünffacher Länge die Wegstrecken; bis wir nach siebentägiger Fahrt über Kasan und Perm, durch tatarische Dörfer und weit sich dehnende Wälder die Wasserscheide der großen Stromgebiete der Wolga und des Ob erreichten und durch einen Denkstein erfuhren, daß wir die Grenze unseres heimatlichen Erdteils, den Ural, überschritten hatten."

Erst jenseits dieses Riesengebirges lag das lockende Gebiet, das Finsch und Brehm erforschen wollten. Sie durchzogen die weite Kirgisensteppe, die herrlich im Frühjahrsschmucke prangte, verweilten jagend am Alakul, der südlichen Spitze des Balschaschsees, bestiegen das Steppengebirge Alatau und wandten sich dann in nordöstlicher Richtung der chinesischen Grenze zu, um auf dem bequemsten und kürzesten Wege durch einen Teil des „himmlischen Reiches" nach dem Altai zu gelangen. In Bakti, dem letzten russischen Grenzposten, überbrachte man ihnen die Kunde, daß Seine Unaussprechlichkeit der Dschandsun Djun von Tarabagatai, der Oberstatthalter der Provinz, die Reisenden in Tschukutschak, der Hauptstadt, zu begrüßen wünsche. Mit hohen Ehren empfing er sie, bewirtete sie an festlicher Tafel, die leider so echt chinesisch war, daß Brehm sich später glücklich pries, keine schlimmen Folgen verspürt zu haben, und unterhielt sich angeregt, wenn auch in reichlich verzwickter Weise mit seinen Gästen aus fernem Land. Was diese auf Französisch sagten (ein deutscher Dolmetscher war nicht zur Hand), wurde ins Russische übersetzt, sodann ins Kirgisische übertragen und danach erst dem Dschandsun Djun chinesisch zu Gehör gebracht. Auf gleiche Art kam die Antwort zurück, nur schlug der Weg der Übertragung dann umgekehrte Richtung ein. Kein Wunder, daß die Unterhaltung würdevoll und gemessen verlief. Die Weiterreise von Tschukutschak ging durch die Gebiete der Samojeden und des heidnischen Ostjakenvolkes der zwischen dem Ob und dem Karischen Meere gelegenen Halbinsel Jalmal zu, die ihnen Gelegenheit bieten sollte, vor Abschluß der langen Wanderfahrt noch eine Tundra kennenzulernen.

Wer sich in die Berichte versenkt, die Brehm uns von der Sibirienreise mit Otto Finsch hinterlassen hat („Auf Forscherfahrt in Nord und Süd", Stuttgart 1927), der staunt, wieviel ein begnadeter Forscher selbst der scheinbar ärmsten Natur und ödesten Landschaft ablauschen kann, nur weil er die Himmelsgabe besitzt, mit gleichsam verdoppelten Organen und vervielfachter Sinnesschärfe in seine Umwelt einzudringen. Das Studium von Land und Leuten, von Wild und Weidwerk der Völkerschaften, in deren Zelten er hauste und schlief; die eigene Jagd, zu der die Steppe, vor allem das Steppengebirge einlud, und schließlich die fremde Lebewelt, vom flüchtigen Wildpferd, dem Dschiggetai, das mit der Geschwindigkeit der Gazelle über die endlose Ebene saust, oder vom hirschgroßen Wildschaf Argali, das gemsengleich auf den Berghöhen turnt, bis zu dem fluggewandten Fausthuhn, nach dem der Falke vergeblich jagt — welch eine Fülle von neuen Eindrücken gab ihm das alles mit auf den Weg. Einzig der letzte Teil der Reise, die Wanderung durch die sibirische Tundra mit ihren Myriaden von Mücken, ihrer Armut und Unwirtlichkeit blieb ihm in unfrohem Angedenken. Zu der Beschwerlichkeit des Marsches gesellte sich das Mißgeschick einer fürchterlich wütenden Renntierseuche, ausgerechnet zu einer Zeit, in der sie des wichtigsten Landeszugtiers dringender denn je bedurften. Nicht nur das Hungergespenst tauchte auf, es schwebte auch über den Reisenden die täglich wachsende Lebensgefahr, selber ein Opfer der Seuche zu werden. Ein Schamane, den sie nach glücklicher Flucht aus dem Todesbereich der Tundra trafen, am Ufer des Ob, wo er eifrig fischte, und den sie um eine würdige Probe seiner Prophetenweisheit baten, verkündete ihnen bei Trommelklang als eine „Botschaft der Himmlischen", sie würden im nächsten Jahr wiederkehren und dann das unwegsame Land in freundlicherer Verfassung finden. „Zwei Kaiser würden uns belohnen, unsere ‚Ältesten' mit unseren Schriften zufrieden sein und uns von neuem zur Tundra entsenden. Die letzte Weissagung hat sich erfüllt. Langsam zwar, aber ohne Unfall," schließt Brehm seinen fesselnden Reisebericht, „fuhren wir dreiundzwanzig Tage in einem Boote den Ob hinauf, drei Tage mit einem nach langem Harren erreichten Dampfschiff den Wellen des Irtysch entgegen. Ohne Unfall

Kirgisenlager
Nach einer Originalzeichnung von Otto Finsch von der Sibirienexpedition Brehms

überschritten wir den Ural. Rasch glitten wir im Dampfer die Kama hinab, langsamer trug uns das Schiff die Wolga hinauf. In Nishnij Nowgorod, Moskau und Petersburg wurden wir freundlich empfangen, in der Heimat freudig begrüßt. Unsere ‚Ältesten' scheinen auch mit unseren Schriften zufrieden zu sein — zur Tundra zurück aber ziehen wir, ziehe ich wenigstens nicht wieder."

Noch unter dem frischen, befeuernden Eindruck der wechselvollen Forscherfahrt beendete Brehm seine Tierleben-Arbeit, die ihm viel inneres Glück bescherte und ebenso viele äußere Ehren, der aber in den nächsten Jahren auch harte Schicksalsschläge folgten, als härtester der frühe Tod seiner Lebensgefährtin und Kameradin, die alles, was er erreicht

Das Wohnhaus Brehms in Renthendorf, seine letzte Arbeitsstätte

und geschaffen, mit tätiger Liebe begleitet hatte. Nur dadurch, daß mit dem Erfolg seiner Werke und seiner Vortragstätigkeit, die er bereits seit Jahren übte, die Zahl der Verehrer und Freunde wuchs und ihn zu rastlosem Schaffen spornte, und nur im Hinblick auf seine Kinder, die mehr noch als er die Gefährtin entbehrten, die sorgende Hand, die geliebte Stimme, verwand er den bitteren Seelenschmerz. Bemerkenswert ist, daß der Tierlebenforscher, von dessen Neigung zur Botanik keins seiner Werke etwas verrät, seit dieser Zeit der Gemütsbedrückung besonders eifrig — Rosen zog, und zwar die edelsten, seltensten Sorten.

Zu seinen Verehrern war inzwischen ein einflußreicher hinzugetreten, Kronprinz Rudolf von Österreich, dem Jagd

Das Wohn- und Arbeitszimmer Brehms in Renthendorf

und Tierwelt mehr Freuden boten als das gezwungene höfische Leben, bei dem der Mensch im Menschen erstarb. Selber eifriger Ornithologe und Mitarbeiter von Fachzeitschriften, im „Tierleben" auch an mehreren Stellen mit längeren Schilderungen zitiert, schloß er sich Brehm in Freundschaft an und lud ihn zu einer Forscherfahrt ein, die im Gebiete der unteren Donau vor allem den Adlern gelten sollte, den Seeadlern, Fisch- und Schlangenadlern, die dort in Vielzahl horsteten, daneben jedoch auch die Brutsiedelungen der Reiher, Kormorane und Schwarzstörche näher ins Auge fassen sollte. Diese köstlichen Jägerwochen im Tierparadiese der Donauwälder zeigten den Forscher Alfred Brehm noch einmal im eigensten Element. Es sollten leider die letzten sein, die er so recht aus Herzenslust in ungebrochener Kraft genoß.

Die zweite Reise mit Kronprinz Rudolf, die ihn im darauffolgenden Jahre (1879), bald nach dem Tode der teuren Gattin, nach Spanien und Portugal führte, war zwar dem Namen nach eine Jagdfahrt, in Wirklichkeit eine höfische Reise von Schloß zu Schloß, von Fest zu Fest, viel mehr geeignet, Erinnerungen an seinen ersten Spanienbummel vor zwanzig Jahren wachzurufen als ihn zu erfrischen und aufzurichten. Die glücklichen Zeiten des frohen Wanderns, des Zwiesprachhaltens mit der Natur auf einsamem Pirschgang in fremden Ländern gehörten der Vergangenheit an, die Zukunft rief sie nicht wieder zurück. Noch einmal zog er über das Weltmeer, mit Kurs auf Nordamerika (Ende 1883), doch nicht mehr mit dem Gewehr auf der Schulter, die Brust von froher Erwartung geschwellt, vielmehr in trübster, gedrücktester Stimmung zu einer längeren Vortragsreise durch zahlreiche Städte der Union. Wenige Tage vor seiner Abfahrt erkrankten seine sämtlichen Kinder, fünf an der Zahl, an Diphtherie. Hätte ihm nicht ein gestrenger Vertrag (mit Reugeldverpflichtung bei Nichterfüllung) wie eine Peitsche im Nacken gesessen und wäre der behandelnde Arzt nicht der festen Zuversicht gewesen, daß menschlichem Ermessen nach kein Kind der Krankheit erliegen werde, Amerika hätte vergebens gewartet. Vier Kinder genasen, den jüngsten Sohn, das letzte Vermächtnis seiner Mathilde, bei dessen Geburt sie gestorben war, raffte die tückische Krankheit hinweg, bevor der sorgenvolle Vater den Boden Amerikas betrat. So schonend die Nachricht ihm beigebracht wurde, sie drang ihm doch wie ein Pfeil ins Herz. Mechanisch erfüllte er seine Verpflichtung, erkrankte im Tale des Mississippi an einer schweren Malaria, von der er sich nur langsam erholte, und kehrte, wie sein Sohn Horst berichtet, als ein gebeugter

Das Grab auf dem Friedhof in Renthendorf

Greis zurück. „Wir erschraken über sein graues Haar, sein trübes Auge, als wir ihn wiedersahen." Den Rest der Kräfte, die ihm verblieben, zehrte eine Nierenerkrankung im Laufe weniger Monate auf. Am 11. November 1884 folgte er seiner Gattin nach.

Unnötig, nochmals die Bedeutung seines Lebens zusammenzufassen, nochmals ausführlich darzulegen, wieviel die Tierkunde ihm verdankt und wieviel ideale Werte er Generationen vermittelt hat, indem er sie hinführte zur Natur. Genug, wenn gesagt wird, daß sein „Tierleben", der Gipfel seiner Lebensarbeit, heute noch in der gesamten Kulturwelt umsonst nach seinesgleichen sucht. Ehrt ihn, indem ihr euch sein Vermächtnis, sein Lebenswerk zu eigen macht. Wir haben an starken Persönlichkeiten, wie Brehm eine war, keinen Überfluß und können mannhafte Vorbilder brauchen. Wir haben aber in unserem Schrifttum auch keinen Überfluß an Autoren, in deren Werken gleich stark der Zauber ihrer Persönlichkeit fühlbar wird.

Ebenfalls im SEVERUS Verlag erhältlich:

Therese von Bayern
**Reisestudien aus dem westlichen Südamerika – Band I**
SEVERUS 2011 / 420 S. / 49,50 Euro
ISBN 978-3-86347-150-7

Im Mai 1898 brach Therese Prinzessin von Bayern zu einer sechsmonatigen Forschungsreise durch Südamerika auf. Sie reiste von der Karibik nach Kolumbien, überquerte die Anden und gelangte über Ecuador und Peru schließlich nach Argentinien. Als die Reisegesellschaft im November 1898 wieder europäischen Boden betrat, hatte Therese eine Fülle an Material für die bayerischen Museen mitgebracht.

Illustriert wird ihr erstmals 1908 erschienener Bericht durch selbst angefertigte Fotografien sowie durch Zeichnungen und Landkarten. Ihre detaillierten Beschreibungen der Tierwelt, der Vegetation und der Gesteinswelt werden abgerundet durch zahlreiche Reiseanekdoten. Der zweite Band erscheint ebenfalls im SEVERUS-Verlag (ISBN 978-3-86347-151-4).

Geboren 1850 in München, interessierte sich Therese Prinzessin von Bayern schon früh für Tiere und Pflanzen. Im Selbststudium erlangte sie fundierte Kenntnisse in Zoologie, Ethnologie und Botanik, was ihr eine Ehrenmitgliedschaft in der Geographischen Gesellschaft und die Ehrendoktorwürde der Philosophischen Fakultät der Universität München einbrachte. Ihre Reisen führten sie zunächst nach Skandinavien, Irland und Russland, bevor sie ab 1893 mehrere Reisen nach Nord- und Südamerika unternahm. Ab dem Beginn des Ersten Weltkriegs widmete sie sich karitativen Tätigkeiten. 1925 starb sie in Lindau.

www.severus-verlag.de

Ebenfalls im SEVERUS Verlag erhältlich:

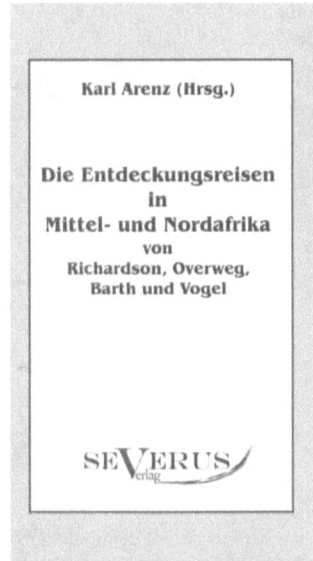

Karl Arenz (Hrsg.)
**Die Entdeckungsreisen in Mittel- und Nordafrika von Richardson, Overweg, Barth und Vogel**
SEVERUS 2010 / 252 S. / 19,50 Euro
ISBN 978-3-942382-61-8

Bereits 1845 reiste der Engländer James Richardson nach Nordafrika, da er den dort betriebenen Sklavenhandel erforschen und durch einen Handel mit europäischen und einheimischen Waren ersetzen wollte. Nach seiner Rückkehr beschloss er, erneut den afrikanischen Kontinent zu besuchen, um mögliche Handelsbeziehungen auszubauen und gemeinsam mit den deutschen Wissenschaftlern Heinrich Barth und Adolf Overweg machte er sich 1850 auf den Weg. Jedoch wurde diese Expedition von tragischen Zwischenfällen überschattet: Richardson und Overweg erkrankten schwer und kehrten nicht mehr in ihre Heimat zurück. Um die Expedition dennoch weiterführen zu können, ist Eduard Vogel aus Leipzig entsandt worden.

Die Tagebucheinträge und Briefe der vier Reisenden geben einen ausführlichen Einblick in ihre Erlebnisse auf den Reisen durch den Sudan, Tschad bis nach Timbuktu, sowie in ihre Begegnungen mit der einheimischen Bevölkerung und der dortigen Tier- und Pflanzenwelt.
Ihre Expedition wurde somit zum Meilenstein für alle nachfolgenden Entdeckungsreisen nach Afrika.

www.severus-verlag.de

Ebenfalls im SEVERUS Verlag erhältlich:

**Leo Frobenius**
Indische Reise
Ein philosophisches Tagebuch
SEVERUS 2011 /332 S./ 39,50 Euro
ISBN 978-3-86347-196-5

„Größer und immer herrlicher werden die Bilder, die sich der Augen der in die ferne Blickenden am Horizonte der Weltgeschichte zeigen. Bisher ungeahnte Welten steigen aus dem Nichts empor."

Befreit von einer wissenschaftlichen Herangehensweise schwärmt der Ethnologe Leo Frobenius in diesem 1931 erstmals erschienenen Reisetagebuch von den Eindrücken seines Indienbesuches.
In enthusiastischen, wenn nötig aber auch kritischen Tönen gelingt es dem wortgewaltigen Erzählkünstler geschickt indische Geschichte, überlieferte Bräuche und ethnologische Beobachtungen mit persönlichen Erlebnissen zu verknüpfen und so ein lebendiges Bild eines Indiens zwischen Jahrtausende alten Traditionen, englischer Fremdherrschaft und eigenem Befreiungskampf zu zeichnen.

Leo Frobenius (1873–1938) galt als populärster deutscher Ethnologe des jungen zwanzigsten Jahrhunderts. Seine Bücher erreichten hohe Auflagen und Persönlichkeiten wie Hermann Hesse, Elias Canetti und Thomas Mann zählten zu seinen Bewunderern. In Zeiten von Kolonialismus und Kulturimperialismus war Frobenius einer der ersten Europäer, die die afrikanische Kultur und Geschichte als mindestens gleichwertig betrachteten und somit eine kulturell tradierte Identität der Schwarzafrikaner akzeptiert.

www.severus-verlag.de

**Bisher im SEVERUS Verlag erschienen:**

**Achelis. Th.** Die Entwicklung der Ehe * Die Religionen der Naturvölker im Umriß, Reihe ReligioSus Band V * **Andreas-Salomé, Lou** Rainer Maria Rilke * **Arenz, Karl** Die Entdeckungsreisen in Nord- und Mittelafrika von Richardson, Overweg, Barth und Vogel * **Aretz, Gertrude (Hrsg)** Napoleon I - Briefe an Frauen * **Ashburn, P.M** The ranks of death. A Medical History of the Conquest of America * **Avenarius, Richard** Kritik der reinen Erfahrung * Kritik der reinen Erfahrung, Zweiter Teil * **Beneke, Otto** Von unehrlichen Leuten: Kulturhistorische Studien und Geschichten aus vergangenen Tagen deutscher Gewerbe und Dienste * **Berneker, Erich** Graf Leo Tolstoi * **Bernstorff, Graf Johann Heinrich** Erinnerungen und Briefe * **Bie, Oscar** Franz Schubert - Sein Leben und sein Werk * **Binder, Julius** Grundlegung zur Rechtsphilosophie. Mit einem Extratext zur Rechtsphilosophie Hegels * **Bliedner, Arno** Schiller. Eine pädagogische Studie * **Birt, Theodor** Frauen der Antike * **Blümner, Hugo** Fahrendes Volk im Altertum * **Boos, Heinrich** Geschichte der Freimaurerei. Ein Beitrag zur Kultur- und Literatur-Geschichte des 18. Jahrhunderts * **Brahm, Otto** Das deutsche Ritterdrama des achtzehnten Jahrhunderts: Studien über Joseph August von Törring, seine Vorgänger und Nachfolger * **Brandes, Georg** Moderne Geister: Literarische Bildnisse aus dem 19. Jahrhundert. * **Braun, Lily** Lebenssucher * **Braun, Ferdinand** Drahtlose Telegraphie durch Wasser und Luft * **Brunnemann, Karl** Maximilian Robespierre - Ein Lebensbild nach zum Teil noch unbenutzten Quellen * **Büdinger, Max** Don Carlos Haft und Tod insbesondere nach den Auffassungen seiner Familie * **Burkamp, Wilhelm** Wirklichkeit und Sinn. Die objektive Gewordenheit des Sinns in der sinnfreien Wirklichkeit * **Caemmerer, Rudolf Karl Fritz** Die Entwicklung der strategischen Wissenschaft im 19. Jahrhundert * **Casper, Johann Ludwig** Handbuch der gerichtlich-medizinischen Leichen-Diagnostik: Thanatologischer Teil, Bd. 1 * Bd. 2 * **Cronau, Rudolf** Drei Jahrhunderte deutschen Lebens in Amerika. Eine Geschichte der Deutschen in den Vereinigten Staaten * **Cunow, Heinrich** Geschichte und Kultur des Inkareiches * **Cushing, Harvey** The life of Sir William Osler, Volume 1 * The life of Sir William Osler, Volume 2 * **Dahlke, Paul** Buddhismus als Religion und Moral, Reihe ReligioSus Band IV * **Dühren, Eugen** Der Marquis de Sade und seine Zeit. in Beitrag zur Kultur- und Sittengeschichte des 18. Jahrhunderts. Mit besonderer Beziehung auf die Lehre von der Psychopathia Sexualis * **Eckstein, Friedrich** Alte, unnennbare Tage. Erinnerungen aus siebzig Lehr- und Wanderjahren * Erinnerungen an Anton Bruckner * **Eiselsberg, Anton Freiherr von** Lebensweg eines Chirurgen * **Eloesser, Arthur** Thomas Mann - sein Leben und Werk * **Elsenhans, Theodor** Fries und Kant. Ein Beitrag zur Geschichte und zur systematischen Grundlegung der Erkenntnistheorie. * **Engel, Eduard** Shakespeare * Lord Byron. Eine Autobiographie nach Tagebüchern und Briefen. * **Ewald, Oscar** Nietzsches Lehre in ihren Grundbegriffen * Die französische Aufklärungsphilosophie * **Ferenczi, Sandor** Hysterie und Pathoneurosen * **Fichte, Immanuel Hermann** Die Idee der Persönlichkeit und der individuellen Fortdauer * **Fourier, Jean Baptiste Joseph Baron** Die Auflösung der bestimmten Gleichungen * **Frazer, James George** Totemism and Exogamy. A Treatise on Certain Early Forms of Superstition and Society * **Frey, Adolf** Albrecht von Haller und seine Bedeutung für die deutsche Literatur * **Frimmel, Theodor von** Beethoven Studien I. Beethovens äußere Erscheinung * Beethoven Studien II. Bausteine zu einer Lebensgeschichte des Meisters * **Fülleborn, Friedrich** Über eine medizinische Studienreise nach Panama, Westindien und den Vereinigten Staaten * **Gmelin, Johann Georg** Quousque? Beiträge zur soziologischen Rechtsfindung * **Goette, Alexander** Holbeins Totentanz und seine Vorbilder * **Goldstein, Eugen** Canalstrahlen * **Graebner, Fritz** Das Weltbild der Primitiven: Eine Untersuchung der Urformen weltanschaulichen Denkens bei Naturvölkern * **Griesinger, Wilhelm** Handbuch der speciellen Pathologie und Therapie: Infectionskrankheiten * **Griesser, Luitpold** Nietzsche und Wagner - neue Beiträge zur Geschichte und Psychologie ihrer Freundschaft * **Hanstein, Adalbert von** Die Frauen in der Geschichte des Deutschen Geisteslebens des 18. und 19. Jahrhunderts * **Hartmann, Franz** Die Medizin des Theophrastus Paracelsus von Hohenheim * **Heller, August** Geschichte der Physik von Aristoteles bis auf die neueste Zeit. Bd. 1: Von Aristoteles bis Galilei * **Helmholtz, Hermann von** Reden und Vorträge, Bd. 1 * Reden und Vorträge, Bd. 2 * **Henker, Otto** Einführung in die Brillenlehre * **Henne am Rhyn, Otto** Aus Loge und Welt: Freimaurerische und kulturgeschichtliche Aufsätze * **Jahn, Ulrich** Die deutschen Opfergebräuche bei Ackerbau und Viehzucht. Ein Beitrag zur Deutschen Mythologie und Altertumskunde * **Kalkoff, Paul** Ulrich von Hutten und die Reformation. Eine kritische Geschichte seiner wichtigsten Lebenszeit und der Ent-

scheidungsjahre der Reformation (1517 - 1523), Reihe ReligioSus Band I * **Kaufmann, Max** Heines Liebesleben * **Kautsky, Karl** Terrorismus und Kommunismus: Ein Beitrag zur Naturgeschichte der Revolution * **Kerschensteiner, Georg** Theorie der Bildung * **Kotelmann, Ludwig** Gesundheitspflege im Mittelalter. Kulturgeschichtliche Studien nach Predigten des 13., 14. und 15. Jahrhunderts * **Klein, Wilhelm** Geschichte der Griechischen Kunst - Erster Band: Die Griechische Kunst bis Myron * **Krömeke, Franz** Friedrich Wilhelm Sertürner - Entdecker des Morphiums * **Külz, Ludwig** Tropenarzt im afrikanischen Busch * **Leimbach, Karl Alexander** Untersuchungen über die verschiedenen Moralsysteme * **Liliencron, Rochus von / Müllenhoff, Karl** Zur Runenlehre. Zwei Abhandlungen * **Mach, Ernst** Die Principien der Wärmelehre * **Mackenzie, William Leslie** Health and Disease * **Maurer, Konrad** Island von seiner ersten Entdeckung bis zum Untergange des Freistaats * **Mausbach, Joseph** Die Ethik des heiligen Augustinus. Erster Band: Die sittliche Ordnung und ihre Grundlagen * **Mauthner, Fritz** Die drei Bilder der Welt - ein sprachkritischer Versuch * **Meissner, Franz Hermann** Arnold Böcklin * **Meyer, Elard Hugo** Indogermanische Mythen, Bd. 1: Gandharven-Kentauren * **Müller, Adam** Versuche einer neuen Theorie des Geldes * **Müller, Conrad** Alexander von Humboldt und das Preußische Königshaus. Briefe aus den Jahren 1835-1857 * **Naumann, Friedrich** Freiheitskämpfe * **Oettingen, Arthur von** Die Schule der Physik * **Ossipow, Nikolai** Tolstois Kindheitserinnerungen. Ein Beitrag zu Freuds Libidotheorie * **Ostwald, Wilhelm** Erfinder und Entdecker * **Peters, Carl** Die deutsche Emin-Pascha-Expedition * **Poetter, Friedrich Christoph** Logik * **Popken, Minna** Im Kampf um die Welt des Lichts. Lebenserinnerungen und Bekenntnisse einer Ärztin * **Prutz, Hans** Neue Studien zur Geschichte der Jungfrau von Orléans * **Rank, Otto** Psychoanalytische Beiträge zur Mythenforschung. Gesammelte Studien aus den Jahren 1912 bis 1914. * **Ree, Paul Johannes** Peter Candid * **Rohr, Moritz von** Joseph Fraunhofers Leben, Leistungen und Wirksamkeit * **Rubinstein, Susanna** Ein individualistischer Pessimist: Beitrag zur Würdigung Philipp Mainländers * Eine Trias von Willensmetaphysikern: Populär-philosophische Essays * **Sachs, Eva** Die fünf platonischen Körper: Zur Geschichte der Mathematik und der Elementenlehre Platons und der Pythagoreer * **Scheidemann, Philipp** Memoiren eines Sozialdemokraten, Erster Band * Memoiren eines Sozialdemokraten, Zweiter Band * **Schleich, Carl Ludwig** Erinnerungen an Strindberg nebst Nachrufen für Ehrlich und von Bergmann * Das Ich und die Dämonien * **Schlösser, Rudolf** Rameaus Neffe - Studien und Untersuchungen zur Einführung in Goethes Übersetzung des Diderotschen Dialogs * **Schweitzer, Christoph** Reise nach Java und Ceylon (1675-1682). Reisebeschreibungen von deutschen Beamten und Kriegsleuten im Dienst der niederländischen West- und Ostindischen Kompagnien 1602 - 1797. * **Schweitzer, Philipp** Island - Land und Leute * **Sommerlad, Theo** Die soziale Wirksamkeit der Hohenzollern * **Stein, Heinrich von** Giordano Bruno. Gedanken über seine Lehre und sein Leben * **Strache, Hans** Der Eklektizismus des Antiochus von Askalon * **Sulger-Gebing, Emil** Goethe und Dante * **Thiersch, Hermann** Ludwig I von Bayern und die Georgia Augusta * Pro Samothrake * **Tyndall, John** Die Wärme betrachtet als eine Art der Bewegung, Bd. 1 * Die Wärme betrachtet als eine Art der Bewegung, Bd. 2 * **Virchow, Rudolf** Vier Reden über Leben und Kranksein * **Vollmann, Franz** Über das Verhältnis der späteren Stoa zur Sklaverei im römischen Reiche * **Volkmer, Franz** Das Verhältnis von Geist und Körper im Menschen (Seele und Leib) nach Cartesius * **Wachsmuth, Curt** Das alte Griechenland im neuen * **Weber, Paul** Beiträge zu Dürers Weltanschauung * **Wecklein, Nikolaus** Textkritische Studien zu den griechischen Tragikern * **Weinhold, Karl** Die heidnische Totenbestattung in Deutschland * **Wellhausen, Julius** Israelitische und Jüdische Geschichte, Reihe ReligioSus Band VI *derivative* **Wellmann, Max** Die pneumatische Schule bis auf Archigenes - in ihrer Entwickelung dargestellt * **Wernher, Adolf** Die Bestattung der Toten in Bezug auf Hygiene, geschichtliche Entwicklung und gesetzliche Bestimmungen * **Weygandt, Wilhelm** Abnorme Charaktere in der dramatischen Literatur. Shakespeare - Goethe - Ibsen - Gerhart Hauptmann * **Wlassak, Moriz** Zum römischen Provinzialprozeß * **Wulffen, Erich** Kriminalpädagogik: Ein Erziehungsbuch * **Wundt, Wilhelm** Reden und Aufsätze * **Zallinger, Otto** Die Ringgaben bei der Heirat und das Zusammengeben im mittelalterlich-deutschem Recht * **Zoozmann, Richard** Hans Sachs und die Reformation - In Gedichten und Prosastücken, Reihe ReligioSus Band III

www.severus-verlag.de

www.ingramcontent.com/pod-product-compliance
Lightning Source LLC
Chambersburg PA
CBHW021003230426
**43666CB00005B/263**